KB253823

전도의 다이나믹 파워

전도의 다이나믹 파워

Evangelism
Dynamic
Power

전도의 다이나믹 파워

민 경 설 지음

전파할 수 없다면 복음은 효력이 없다.
교회부흥, 그것은 결코 우연히 일어나지 않는다.
전도하는 교회는 지금도 부흥한다.

교회성장은 하나님의 뜻입니다. 전도하는 교회만이 부흥하는 것입니다. 그것은 하나님께서 구원의 역사를 주관하시지만, 전도라는 방편을 통해서 구원 역사를 이루어 가시기 때문입니다. 그러므로 복음사역자는 전도에 대한 전문가가 되어야 합니다. 그런데 안타깝게도 목회 현장에 있는 사역자들이 다른 분야에는 많은 이론과 지식을 갖고 있으면서도 실제 전도에 있어서는 막연하고 추상적인 지식을 갖고 있는 경우가 많습니다. 그래서 그들이 전도를 말하고 또 복음을 설교하더라도 전도의 효과가 나타나지 못하고 있습니다. 즉 복음이 온전히 전파되지 못하고 있는 것입니다. 이런 경우 복음은 효력이 없습니다. 복음이 전파될 때만 주님의 역사가 일어납니다.

> "제자들이 나가 두루 전파할새 주께서 함께 역사하사 그 따르는 표적으로 말씀을 확실히 증거하시니라"(막 16:20).

그러면 왜 복음을 말해도 능력이 나타나지 않을까요? 그것은 그 사역자가 전도의 영성(Evangelism Spirituality)이 개발되지 못했기 때문입니다. 그러나 전도의 영성이 열리고 전도동력(Evangelism Dynamic Power)이 임하면 전도는 되어지기 시작합니다. 우리 스스로 전도하는 것 같지만 엄격히 말하면 전도는 되어지는 것입니다.

인간을 구원하는 문제에 있어서 복음사역자인 우리에게 논리와 이성에 혼돈을 주는 문제가 있습니다. 그것은 하나님의 전능하신 선택, 즉 주권적 선택과 인간의 복음의 전파인 전도의 충돌 문제입니다. 하나님이 구원하기로 주권적으로 선택하셨다면 우리가 전도하지 않아도 구원받지 않겠나 하는 인간적 해석의 문제입니다.

그러나 이 문제에 있어서 미국 칼빈신학교 학장이었던 R. B. Kuiper 박사는 명쾌한 해석을 내려줍니다. "하나님의 주권적 작정이 방편을 제외한 목적과만 관계된다고 생각하지 말라. 하나님이 발생할 모든 것을 미리 작정하셨다는 사실은 아무리 강조해도 지나치지 않는다." 여기 모든 것은 목적과 마찬가지로 방편까지도 포함된다고 했습니다.

그렇습니다. 하나님의 구원이 인간에게 실현되는 일은 전도밖에 없는 것입니다. 즉 하나님께서는 인간 구원의 문제를 주권적으로 선택하셨는데, 그것은 먼저 믿어 구원받은 전도인을 통하여 전도, 즉 복음 전파하는 방편을 통하여 인간을 구원하기로 작정하신 것입니다. 여기에 하나님의 깊으신 뜻이 있는 것입니다.

로 하나님께서 전도의 미련한 것으로 믿는 자들을 구원하시기를 기뻐
하셨도다"(고전 1:20-21).

전도는 방법이 아닙니다. 전도는 원리가 중요합니다. 그 원리를 깨
달아 전도할 수 있는 능력을 소유해야 합니다. 이 책은 실제로 전도자
가 영성 개발을 할 수 있도록 도와줍니다. 그리고 전도할 수 있는 힘인
전도동력(Evangelism Dynamic Power)이 임하는 길을 제시하고
있습니다.

또 이 책은 실제 필자가 목회현장에서 전도특공대를 통하여 실시했
던 전도동력 훈련의 임상적 전도 경험을 성서적, 신학적으로 정립했습
니다. 그리고 목회자 세미나에서 실시했던 전도동력 훈련이론을 실제
편과 함께 소개했습니다.

이미 1만 명 이상의 교역자가 이 전도동력을 훈련받았고, 3000명
이상이 수료하여 한국 교회에 전도의 신선한 충격과 새바람을 일으키
고 있습니다.

누구든지 이 책을 정독한다면 반드시 전도에 대해 자신감을 얻으며
전도동력을 체험할 것임을 확신합니다.

그 동안 이 책이 나오기까지 기도해 주신 광진교회와 미래목회연구
원 목회자들께 감사드립니다. 그리고 뒤에서 기도해 준 이옥찬 사모와
원고 정리를 위해 수고한 양승경 간사, 남궁령 전도사에게 감사하며
출판을 위해 성원과 노력해 주신 도서출판 횃불 직원들에게 감사하는
바입니다.

1999. 4. 28
광진교회/ 미래목회연구원
민경설 목사

전도의 다이나믹, 파워

Evangelism Dynamic Power

전도의
다이나믹
파워

제1부 실 제 편

전도는 전도의 비밀을 알아야 된다

요 6:63, 요 12:24~25

살리는 것은 영이니 육은 무익하니라 내가 너희에게 이른 말이 영이요 생명이라(요 6:63).

내가 진실로 진실로 너희에게 이르노니 한 알의 밀이 땅에 떨어져 죽지 아니하면 한 알 그대로 있고 죽으면 많은 열매를 맺느니라 자기 생명을 사랑하는 자는 잃어버릴 것이요 이 세상에서 자기 생명을 미워하는 자는 영생하도록 보존하리라(요 12:24-25).

전도란, 복음을 통하여 예수님을 주님으로 영접함으로 그 영혼이 죄악에서 벗어나 구원을 받게 하는 것입니다. 이것을 영적으로 설명한다면, 복음을 통하여 주님을 영접함으로 성령을 받게 되는 것입니다. 그러므로 전도자는 자아가 부서져야 되며, 또 육신과 영의 문제를 분리할 수 있는 자가 되어야 합니다.

"내가 진실로 진실로 너희에게 이르노니 한 알의 밀이 땅에 떨어져 죽지 아니하면 한 알 그대로 있고 죽으면 많은 열매를 맺느니라 자기 생명을 사랑하는 자는 잃어버릴 것이요 이 세상에서 자기 생명을 미워하는 자는 영생하도록 보존하리라"(요 12:24-25).

"살리는 것은 영이니 육은 무익하니라 내가 너희에게 이른 말이 영이요 생명이라"(요 6:63).

전도란 무엇인가?

전도는 추상적 생각만 가지고는 이루어지지 않습니다. 우리는 쉽게 전도지 몇 장을 전하고 복음의 말씀을 몇 마디 하는 것을 전도라고 생각합니다. 그러나 그렇게 했다고 해서 전도가 다

된 것은 아닙니다.

전도에 대한 바른 의미를 구체적으로 깨달을 때 실제적인 전도를 할 수 있습니다.

그러면 전도의 바른 의미는 무엇입니까? 전도는 복음을 통하여 예수님을 영접함으로 그 영혼이 죄악에서 벗어나 구원을 받게 하는 것입니다. 이것을 영적으로 설명한다면, 복음을 통하여 주님을 영접함으로 성령을 받게 되는 것입니다. 그러므로 전도는 나를 통해서 다른 사람에게 성령을 전하는 것입니다. 만약 복음을 받았다고 해도 그 복음이 지식으로만 받아들여지고 성령을 받지 못했다면 전도는 이루어지지 못한 것입니다.

> "육으로 난 것은 육이요 성령으로 난 것은 영이니 내가 네게 거듭나야 하겠다 하는 말을 기이히 여기지 말라"(요 3:6-7).

복음을 통하여 성령을 받은 사람만이 비로소 구원에 이르러 자기 속의 악한 영을 내어쫓고 성령을 주인으로 모시고 살 수 있습니다. 즉 주인이 바뀐 것입니다. 그러므로 복음을 받아들여 구원을 받은 사람은 인생의 주인이 바뀌었기 때문에 하나님의 축복을 받게 됩니다. 자기의 창조주이며 인생의 주인이신 주님을 만났기에 이제 인생의 방황은 끝나고 참 만족의 삶을 살 수 있는 것입니다.

> "예수께서 대답하여 가라사대 이 물을 먹는 자마다 다시 목마르

려니와 내가 주는 물을 먹는 자는 영원히 목마르지 아니하리니
나의 주는 물은 그 속에서 영생하도록 솟아나는 샘물이 되리라”
(요 4:13-14).

전도는 사람에 의하지 않고는 이루어질 수 없습니다. 왜냐하면 성령은 성령 받은 사람에 의하여 다른 사람에게 전달될 수 있기 때문입니다. 그래서 하나님께서는 전도의 미련한 것으로 인간을 구원하는 것을 기뻐하십니다.

“하나님의 지혜에 있어서는 이 세상이 자기 지혜로 하나님을 알지 못하는 고로 하나님께서 전도의 미련한 것으로 믿는 자들을 구원하시기를 기뻐하셨도다”(고전 1:21).

전도가 안 되는 이유는 무엇인가?

복음을 전하려면 실제적으로 성령이 그 상대방에게 전해져야 됩니다. 그런데 복음을 전하는 자 속에서 성령이 나타나지 못하면 그 복음은 상대방에게 전달될 수 없습니다. 그 사람이 복음을 말한다 해도 그 복음은 지식으로 끝나게 되는 것입니다. 이렇게 되면 그것을 받아들인 자도 복음을 지식적으로 받아들이게 되어 결국 진정한 구원에 이르지 못합니다.

그러면 성령이 나타나지 못하는 이유는 무엇일까요? 그것은 복음을 전하는 자의 자아가 깨어지지 않았기 때문입니다. 그래서 성령이 그 자아에 갇혀 방해를 받고 있기 때문입니다. 성령은 그 사람 속의 혼에 거하지 않고 영에 거하십니다. 그래서 전도자의 자아가 깨어지지 않는다면 성령은 그 사람 속에서 방해를 받을 수밖에 없습니다. 그래서 바울 사도도 예수님에 대하여 영적으로 알고 육적으로 알지 않는다고 말했던 것입니다.

결국 전도동력도 깊이 생각해 보면 전도자의 자아가 깨어져 성령이 얼마나 자유롭게 그 사람 속에서 역사하느냐에 달려 있는 것입니다. 그래서 전도동력에 의하여 전도를 하는 사람은 효과적으로 열매를 맺지만, 성령을 받고 구원을 받은 전도자라 할지라도 자아가 깨어지지 않으면 그 사람의 전도는 시기와 질투에 의하여 부정적으로 이루어지기도 합니다. 이것은 사실 복된 전도의 열매가 아닙니다.

"어떤 이들은 투기와 분쟁으로, 어떤 이들은 착한 뜻으로 그리스

도를 전파하나니"(빌 1:15).

그래서 예수님께서도 한 알의 밀이 땅에 떨어져 죽어야 많은
열매를 맺는다고 말씀하신 것입니다.

"내가 진실로 진실로 너희에게 이르노니 한 알의 밀이 땅에 떨어

져 죽지 아니하면 한 알 그대로 있고 죽으면 많은 열매를 맺느니

라"(요 12:24).

즉 우리 육신의 사람, 옛사람이 죽어야 성령이 그 사람 속에
서 자유롭게 역사하여 풍성한 전도의 열매가 맺히게 됩니다.

전도가 잘못되는 이유는 무엇인가?

전도자의 자아가 부서지지 않아서 성령에 의하여 복음이 전
달되지 못하는 것도 문제이지만, 복음을 말한다 해도 잘못 전달
되는 것이 더 큰 문제입니다.

인간의 열정이나 욕심에 의하여 전도가 되는 것 같지만 실제
로 그렇지 않습니다. 전도자가 열정을 가지고 전도하여도 복된
구원에 이르지 못하는 경우가 있습니다. 그 전도된 자가 이단세
력에 빠지거나 악의 세력에 넘어지는 경우가 있는 것입니다. 이

것이 큰 문제입니다.

"그리스도의 은혜로 너희를 부르신 이를 이같이 속히 떠나 다른 복음 좇는 것을 내가 이상히 여기노라 다른 복음은 없나니 다만 어떤 사람들이 너희를 요란케 하여 그리스도의 복음을 변하려 함이라"(갈 1:6-7).

복음이 잘못 전달되는 이유는 전도자의 자아가 열렸다고는 하지만 육신과 영이 분리되어 있지 않기 때문입니다. 즉 육신의 문제와 영적 문제를 혼돈하고 있는 것입니다. 그러므로 세상 문제가 다가올 때 그것으로 인해 영의 문제에 피해를 주게 됩니다. 예수를 믿어도 육신의 문제에 관심을 가지게 되어 복음을 모두 육신의 문제로 변질시키기 때문에 문제가 발생하는 것입니다.

"저희의 마침은 멸망이요 저희의 신은 배요 그 영광은 저희의 부끄러움에 있고 땅의 일을 생각하는 자라"(빌 3:19).

우리가 육신의 문제를 떠나서는 살 수 없지만, 전도자는 육신의 문제와 영적 문제를 분리할 수 있어야 합니다. 그래야 육신의 문제가 발생하여도 그것이 영의 문제에 영향을 끼치지 않게 되는 것입니다.

"육으로 난 것은 육이요 성령으로 난 것은 영이니"(요 3:6).

"오직 우리의 시민권은 하늘에 있는지라 거기로서 구원하는 자 곧 주 예수 그리스도를 기다리노니 그가 만물을 자기에게 복종케 하실 수 있는 자의 역사로 우리의 낮은 몸을 자기 영광의 몸의 형체와 같이 변케 하시리라"(빌 3:20-21).

그러므로 전도자는 자아가 부서져야 되며, 또 육신과 영의 문제를 분리할 수 있는 자가 되어야 합니다. 그래야 효과적이고 바른 복음을 전할 수 있는 것입니다.

어떻게 성령은 전도자를 위하여 역사하는가?

그러므로 성령은 믿는 자로 하여금 자신의 자아를 깨뜨리며 영과 육을 분리하도록 역사하십니다. 그것을 깨닫고 성령께 순종할 때 우리는 복되고 능력 있는 전도자가 되는 것입니다.

그러면 성령께서 구체적으로 어떻게 전도자를 위해서 역사하고 훈련하시는지 알아보겠습니다.

자신이 깨닫는 것이 중요하다

성령이 역사할 때, 진정한 자기 자신을 볼 수 있습니다. 이것이 중요합니다. 자신을 바로 깨달아야 합니다. 바울 사도도 성령이 임하기 전에는 자신을 보지 못했지만, 다메섹 도상에서 주님을 체험하고 성령을 받은 후에 자기 자신을 볼 수 있었습니다.

> "미쁘다 모든 사람이 받을만한 이 말이여 그리스도 예수께서 죄인을 구원하시려고 세상에 임하셨다 하였도다 죄인 중에 내가 괴수니라"(딤전 1:15).

그래서 바울은 하나님이 크게 사용하시는 전도자가 될 수 있었던 것입니다.

> "그러나 나의 나 된 것은 하나님의 은혜로 된 것이니 내게 주신 그의 은혜가 헛되지 아니하여 내가 모든 사도보다 더 많이 수고하였으나 내가 아니요 오직 나와 함께하신 하나님의 은혜로라"(고전 15:10).

환경을 볼 수 있어야 한다

환경은 자아를 깨뜨리기 위해서 사용하시는 성령의 손길입니다. 환경을 수용하고 순종하고 감사할 때 자아가 깨어지게 됩니다. 환경을 거부하게 되면 원망과 불평을 하게 되고 환경 때문에 죄를 짓게 됩니다. 그러면 어려운 환경이 개선되는 것이 아니라 지금 처한 환경이 계속 유지될 뿐입니다. "내 환경이 나에게는 최선이다.", "지금 내가 처한 환경은 꼭 필요해서 나에게 주신 것이다"라는 확신이 필요합니다.

"여러 계시를 받은 것이 지극히 크므로 내가 자고하지 않게 하시려고 내 육체에 가시 곧 사단의 사자를 주셨으니 이는 나를 쳐서 너무 자고하지 않게 하려 하심이니라 이것이 내게서 떠나기 위하여 내가 세 번 주께 간구하였더니 내게 이르시기를 내 은혜가 네게 족하도다 이는 내 능력이 약한 데서 온전하여짐이라…"(고후 12:7-9).

자신을 옹호하거나 합리화하지 말아야 한다

전도자는 어떤 문제에 부딪히거나 또 다른 사람과 갈등을 겪을 때에도 자기 자신을 너무 옹호하거나 합리화해서는 안 됩니다. 주어진 여건을 그대로 수용하고 하나님이 허락한 것으로 감사해야 됩니다.

"항상 기뻐하라 쉬지 말고 기도하라 범사에 감사하라 이는 그리스도 예수 안에서 너희를 향하신 하나님의 뜻이니라"(살전 5:16-18).

자아가 깨어지는 일에 매진해야 한다

우리는 자신의 자아가 깨어지는 일을 어떤 경우에도 피하지 말고 받아들이고 순종해야 됩니다. 그 중에서 가장 중요한 일은 복음을 전하는 전도의 일입니다. 그 일을 힘쓸 때 자아가 깨어지는 축복을 받게 됩니다.

"그러나 너는 모든 일에 근신하여 고난을 받으며 전도인의 일을
하며 네 직무를 다하라"(딤후 4:5).

하나님의 임재를 놓치지 말아야 한다

하나님을 믿는 사람들은 언제든지 하나님이 함께하심을 믿고
또 의지하며 순종해야 됩니다. 그래야 어떤 어려운 문제도 극복
할 수 있으며, 자기 자아의 문제도 해결될 수 있는 것입니다.

"세월을 아끼라 때가 악하니라 그러므로 어리석은 자가 되지 말
고 오직 주의 뜻이 무엇인가 이해하라 술 취하지 말라 이는 방탕
한 것이니 오직 성령의 충만을 받으라"(엡 5:16-18).

십자가를 부단히 자신의 삶에 적용해야 한다

자신이 주님과 함께 십자가에서 같이 죽었다는 사실을 생활
속에서 늘 적용해야 됩니다. 그럴 때 성령께서 우리 속에 역사하
여 내가 해결할 수 없는 문제, 또는 나의 성격, 속성까지도 고쳐
주십니다. 이 때 자아가 죽어서 하나님께 순종하게 되는 것입니
다.

"무릇 그리스도 예수와 합하여 세례를 받은 우리는 그의 죽으심과 합하여 세례 받은 줄을 알지 못하느뇨"(롬 6:3).

"또한 너희 지체를 불의의 병기로 죄에게 드리지 말고 오직 너희 자신을 죽은 자 가운데서 다시 산 자 같이 하나님께 드리며 너희 지체를 의의 병기로 하나님께 드리라"(롬 6:13).

이처럼 우리 생활 속에서 끊임없이 우리의 부족한 점과 해결되지 않은 부분을 주님을 의지하여 십자가에 적용하면 놀라운 변화를 체험하게 될 것이며, 훌륭한 전도자가 될 수 있습니다.

제2장 전도는 복의 비밀을 소유해야 된다

마 16:13-20

예수께서 가이사랴 빌립보 지방에 이르러 제자들에게 물어 가라사대 사람들이 인자를 누구라 하느냐 가로되 더러는 세례 요한, 더러는 엘리야, 어떤 이는 예레미야나 선지자 중의 하나라 하나이다 가라사대 너희는 나를 누구라 하느냐 시몬 베드로가 대답하여 가로되 주는 그리스도시요 살아 계신 하나님의 아들이시니이다 예수께서 대답하여 가라사대 바요나 시몬아 네가 복이 있도다 이를 네게 알게 한 이는 혈육이 아니요 하늘에 계신 내 아버지시니라 또 내가 네게 이르노니 너는 베드로라 내가 이 반석 위에 내 교회를 세우리니 음부의 권세가 이기지 못하리라 내가 천국 열쇠를 네게 주리니 네가 땅에서 무엇이든지 매면 하늘에서도 매일 것이요 네가 땅에서 무엇이든지 풀면 하늘에서도 풀리리라 하시고 이에 제자들을 경계하사 자기가 그리스도인 것을 아무에게도 이르지 말라 하시니라(마 16:13-20).

복의 비밀은 영적 비밀이기 때문에 세상지식이나 논리로는 깨달을 수 없습니다.

복의 비밀은 영적으로만 깨달을 수 있는데, 이 비밀을 알게 되면 생명이 바뀌며 음부의 권세를 이기게 됩니다. 또, 이 비밀을 아는 자만이 전도자가 됩니다.

인간이 이 땅에서 불행과 실패의 삶을 사는 것은 하나님이 인간에게 주신 복의 비밀을 알지 못하기 때문입니다. 이 복의 비밀은 영적 비밀이기 때문에 세상 지식이나 논리로서는 알 수가 없고 영적으로만 깨달을 수 있습니다. 그 때 비로소 인간의 근본적인 문제가 해결되며 복된 삶을 살 수 있습니다. 그러므로 우리는 이 복의 비밀을 깨달아야 됩니다. 이 복의 비밀이 곧 전도의 비밀이기도 합니다.

복의 비밀

복의 비밀은 우리가 예수님을 어떻게 보는가에 들어 있습니다. 성경에서 보면 주님이 "너희는 나를 누구라 하느냐"라는 질문에 베드로가 복된 대답을 하는 것을 볼 수 있습니다.

"시몬 베드로가 대답하여 가로되 주는 그리스도시요 살아 계신 하나님의 아들이시니이다"(마 16:16).

이 때에 예수님께서는 베드로의 대답을 칭찬하셨습니다.

"예수께서 대답하여 가라사대 바요나 시몬아 네가 복이 있도다 이를 네게 알게 한 이는 혈육이 아니요 하늘에 계신 내 아버지시니라"(마 16:17).

베드로의 대답 속에는 하나님께서 주시는 복의 비밀이 들어 있었던 것입니다. 예수님이 하신 말씀의 구체적인 의미는 무엇일까요?

"혈육이 아니요"

이 말씀은 세상 사람들은 그 비밀을 모른다는 것입니다. 즉 세상의 상식이나 어떤 지식이라도 그 복의 비밀을 알 수 없다는 것입니다. 세상에 대해서 그만큼 복의 비밀은 감추어져 있는 것입니다.

"이것을 알게 한 이는 하늘에 계신 네 아버지시니라"

이 복의 비밀은 하나님께서 은혜로 알게 해 주신다는 것입니

다. 하나님께서 알게 해 주시지 않으면 누구도 인간의 참 복의
비밀을 알 수 없는 것입니다.

예수가 그리스도이시다

우리는 베드로의 고백 속에서 복의 내용을 찾을 수 있습니다.
그것은 예수님이 나의 주요, 그리스도요, 살아 계신 하나님의 아
들이라는 사실입니다. 이 내용을 깊이 깨달을 때 복의 비밀을 알
고 이 땅에서의 축복의 삶을 체험할 수 있는 것입니다. 즉, 여기
서 예수가 그리스도요 살아 계신 하나님의 아들이요, 우리의 주
님이심을 깨닫게 되는 데 복의 비밀이 있습니다.

인간의 근본문제는 무엇인가?

헬라어로 크리스토($\chi\rho\iota\sigma\tau\sigma\varsigma$)는 메시아(기름부음을 받음), 구
세주라는 뜻입니다. 구약에 보면 왕, 선지자, 제사장이 기름부음
을 받아 백성을 구원하고 인도했습니다. 그 원형이 예수님이십
니다. 그러므로 예수님은 세상을 구원하는 주님이시며, 우리의
문제의 해결자이시며 해답 그 자체이십니다.
　이제 인간이 가지고 있는 근본적인 문제들이 무엇인지 살펴
보기로 하겠습니다.

인간은 피조물이다

인간은 피조물이며 창조자에 의해서만 존재합니다. 따라서 인간은 창조주를 의존할 때 온전해질 수 있습니다. 그러나 인간은 창조자의 힘을 받아 살아야 한다는 사실을 인식하지 못하고, 자기 스스로 살 수 있다는 착각에 빠져 있습니다. 이것이 인간의 가장 큰 문제입니다.

신앙생활은 스스로 살아가겠다는 자존의식에서 창조자를 의지하는 삶으로 돌아가겠다고 결심하는 과정입니다. 여기에 구원이 있습니다. 피조물은 창조주에 의해서만 존재하며 살 수 있기 때문입니다. 우리가 깨달아야 할 것은 스스로 자존하시는 분은 하나님 한 분뿐이시라는 사실입니다.

> **"하나님이 모세에게 이르시되 나는 스스로 있는 자니라 또 이르시되 너는 이스라엘 자손에게 이같이 이르기를 스스로 있는 자가 나를 너희에게 보내셨다 하라"(출 3:14).**

인간이 창조자와 연결되지 못하고 스스로 살려고 하기 때문에 문제가 생깁니다. 인간의 힘은 제한되어 있으므로 시기, 질투, 질병, 가난, 사망이 가득한 실패와 병든 모습이 될 수밖에 없는 것입니다.

인간은 사탄에게 자존자로 속은 것이다

인간은 피조물로서 창조자에 의존해서 살아갈 때 온전해지지만, 사탄에게 속아서 스스로 살고 있는 사람들은 모두 병든 인생이 되는 것입니다. 인간이 최초로 죄를 지은 원인을 살펴봅시다.

"너희가 그것을 먹는 날에는 너희 눈이 밝아 하나님과 같이 되어 선악을 알 줄을 하나님이 아심이니라"(창 3:5).

이것은 사탄이 하와를 유혹할 때 한 말입니다. 결국 인간은 이 말을 듣고 사탄에게 속아서 죄를 짓게 되었으며, 이는 인간이 하나님처럼 스스로 살겠다고 하는 교만한 마음에 자기가 속은 것입니다.

인간은 세상을 의존하는 우상숭배자가 되었다

인간이 아무리 스스로 살려고 노력한다고 해도 피조물이기 때문에 실제 삶에서는 누군가를 의존해야 살아갈 수 있습니다. 그러나 인간은 사탄에게 속아서 창조자 하나님을 잃어버리고 세상을 의존하게 되었습니다. 그리고 세상의 물질, 정욕, 지식, 권세, 재주, 쾌락 등을 의존하게 된 것입니다. 이처럼 하나님을 의존하지 않고 세상을 의존하여 이것들이 하나님을 대신하게 될 때, 세상은 우상이 되는 것입니다. 그리고 그 삶은 모두 죄악이 되는 것입니다. 보이지는 않지만 그러한 삶의 배후에는 모두 사탄이 역사하고 있다는 것을 알아야 합니다.

"그 때에 너희가 그 가운데서 행하여 이 세상 풍속을 좇고 공중

의 권세 잡은 자를 따랐으니 곧 지금 불순종의 아들들 가운데서
역사하는 영이라"(엡 2:2).

이처럼 인간은 사탄에게 속아서 세상과 죄악과 사망의 종이
되었습니다. 그것이 인간이 불행하게 된 이유입니다.

죄의 삯은 사망이므로 저주가 온다
죄의 결과로 반드시 사망이 따라오게 되었습니다.

"죄의 삯은 사망이요"(롬 6:23).

그 사망의 저주로 병, 사고, 가난, 실패, 분쟁, 미움, 시기 등
의 사망 증세가 우리의 삶을 어렵게 만드는 것입니다. 이것은 하
나님을 모르는 이 세상 사람 누구도 예외가 될 수 없습니다.

"모든 사람이 죄를 범하였으매 하나님의 영광에 이르지 못하더
니"(롬 3:23).

죄는 인간의 근본적인 문제이며 하나님의 영광에 이르지 못
하는 원인입니다. 하나님의 형상으로 지음받은 인간이 영광에
이르지 못하는 것이 죄악의 문제요 인간의 근본 문제입니다.

예수님만이 인간의 해결자이시다

인간의 문제, 죄의 문제를 해결할 수 있는 사람은 이 세상에 아무도 없습니다. 이 모든 것의 해결자는 우리 주 예수님뿐이십니다. 그러므로 예수님은 구원자이며 인간의 문제의 해결자이십니다.

예수님은 그리스도로서 기름부음을 받은 분이십니다. 이는 구약의 왕, 선지자, 제사장에게 기름을 부음으로 하나님의 사역을 감당케 하셨듯이 예수님도 기름부음을 받으셔서 우리의 왕이요, 선지자요, 제사장으로 역사하시는 것입니다.

예수님은 왕이시다

예수님은 만왕의 왕이십니다. 세상 임금인 사탄의 권세를 멸하셨기 때문입니다.

> "이제 이 세상의 심판이 이르렀으니 이 세상 임금이 쫓겨나리라"(요 12:31).

세상 임금인 사탄은 사망 권세를 갖고 있지만, 예수님은 부활하심으로 사망 권세를 깨뜨리시고 영원한 생명의 주인으로 생명 권세를 갖고 계시기 때문에 이 세상의 만왕의 왕이십니다.

그래서 예수님을 영접하게 되면, 인간을 속여서 불행하게 하는 사탄의 세력을 물리치고 구원에 이르게 되는 것입니다.

예수님은 선지자이시다

선지자는 원래 하나님의 계시를 받아 인간과 세상에 미래를 가르쳐 주는 자이지만 진정한 선지자는 하나님을 가르쳐 주고 알게 해 주는 자입니다. 그러한 면에서 예수님은 우리의 참되신 선지자이십니다. 왜냐하면 우리 주님은 완벽하게 아버지를 가르쳐 주시고 나타내 주셨기 때문입니다.

> "예수께서 가라사대 빌립아 내가 이렇게 오래 너희와 함께 있으되 네가 나를 알지 못하느냐 나를 본 자는 아버지를 보았거늘 어찌하여 아버지를 보이라 하느냐 나는 아버지 안에 있고 아버지는 내 안에 계신 것을 네가 믿지 아니하느냐 내가 너희에게 이르는 말이 스스로 하는 것이 아니라 아버지께서 내 안에 계셔 그의 일을 하시는 것이라"(요 14:9-10).

그러므로 예수님은 하나님을 모른 채 세상만 의존하고 죄 짓는 인간에게 하나님을 계시해 주심으로써 생명의 길을 가르쳐 주신 것입니다.

> "예수께서 가라사대 내가 곧 길이요 진리요 생명이니 나로 말미암지 않고는 아버지께로 올 자가 없느니라"(요 14:6).

예수님은 대제사장이시다

제사장은 죄의 문제를 해결하여 하나님과 인간의 관계를 열어 주는 자입니다. 예수님께서도 우리 인간의 과거, 현재, 미래의 모든 죄의 문제를 해결해 주셨습니다. 즉, 그분은 우리를 위한 영원한 대제사장이시며 또한 우리 죄를 위한 영원하고도 거룩한 속죄물이 되십니다. 예수님만이 우리의 참 제사장인 것입니다.

"오직 그리스도는 죄를 위하여 한 영원한 제사를 드리시고 하나님 우편에 앉으사 그 후에 자기 원수들로 자기 발등상이 되게 하실 때까지 기다리시나니 저가 한 제물로 거룩하게 된 자들을 영원히 온전케 하셨느니라"(히 10:12-14).

우리의 그리스도이신 예수님은 인간의 근본 문제를 왕과 선지자와 제사장으로서 완벽하게 해결해 주셨습니다. 이것을 아는 자에게 참된 축복이 옵니다.

예수님은 살아 계신 하나님의 아들이시다

예수님은 지금도 살아 계셔서 하나님의 보좌 우편에서 세상 만물을 다스리고 계십니다. 그리고 믿는 자 속에 역사하십니다. 예수님은 지금(때) 여기서(상황) 나에게(대상) 역사하시는 하나님이라는 뜻입니다.

"누가 정죄하리요 죽으실 뿐 아니라 다시 살아나신 이는 그리스
도 예수시니 그는 하나님 우편에 계신 자요 우리를 위하여 간구
하시는 자시니라"(롬 8:34).

이 사실을 믿는 자는 복된 자이며 살아 계신 주님을 체험하게
됩니다.

예수님은 주인이시다

예수님은 우리 모두의 하나님이시지만, 나 개인의 주님, 나의
주관적 주인이 되시는 하나님으로 믿어야 됩니다. 예수님을 나
의 주님으로 체험할 때 승리가 오게 되는 것입니다.

"도마가 대답하여 가로되 나의 주시며 나의 하나님이시니이다"
(요 20:28).

아무리 위대한 예수님이라 할지라도 나 개인의 주님으로, 나
의 삶의 주인으로 영접하지 않는다면 구원을 체험할 수 없습니
다.

복의 비밀을 깨달은 자의 복

생명이 바뀐다

예수님은 복의 비밀을 깨달은 베드로에게 새 이름을 주셨습니다.

> "또 내가 네게 이르노니 너는 베드로라 내가 이 반석 위에 내 교회를 세우리니 음부의 권세가 이기지 못하리라"(마 16:18).

여기서, 시몬은 '갈대와 사막'이라는 뜻을 지닌 인간의 이름이요, 복의 비밀을 알지 못할 때의 이름입니다. 그러나 베드로는 '반석'이라는 뜻으로 하나님을 드러내는 이름인 것입니다. 이 때 베드로는 새 생명을 얻었습니다. 축복의 하나님의 생명을 받은 자가 된 것입니다. 우리도 이처럼 복의 비밀을 알게 되면 베드로같이 하나님의 복된 생명을 받게 되는 것입니다.

> "내가 진실로 진실로 너희에게 이르노니 내 말을 듣고 또 나 보내신 이를 믿는 자는 영생을 얻었고 심판에 이르지 아니하나니 사망에서 생명으로 옮겼느니라"(요 5:24).

이 생명을 소유한 자만이 세상을 이기고 또 다른 사람을 세상에서 구원할 수 있는 능력을 가질 수 있습니다.

음부의 권세를 이길 수 있다

하나님의 생명을 받은 자가 모이는 곳이 교회입니다. 그러므로 교회는 세상을 구원하고 하나님의 생명을 줄 수 있는 유일한 곳입니다. 하나님의 생명을 가진 자만이 사탄을 이기고 세상을 이길 수 있습니다.

"하나님께로서 난 자마다 범죄치 아니하는 줄을 우리가 아노라 하나님께로서 나신 자가 저를 지키시매 악한 자가 저를 만지지도 못하느니라"(요일 5:18).

천국 열쇠를 갖게 하신다

복된 하나님의 생명이 있는 자는 하늘 문을 열게 하는 기도를 할 수 있습니다. 그에게는 하늘을 움직일 수 있는 능력이 있으므로 기도하면 응답이 있는 것입니다. 기도로 마귀의 역사를 묶고 하나님의 능력의 역사를 풀어야 합니다.

"내가 천국 열쇠를 네게 주리니 네가 땅에서 무엇이든지 매면 하늘에서도 매일 것이요 네가 땅에서 무엇이든지 풀면 하늘에서도 풀리리라 하시고"(마 16:19).

제3장 전도는 기도의 장벽을 넘어야 된다

눅 11:5-13

또 이르시되 너희 중에 누가 벗이 있는데 밤중에 그에게 가서 말하기를 벗이여 떡 세 덩이를 내게 빌리라 내 벗이 여행 중에 내게 왔으나 내가 먹일 것이 없노라 하면 저가 안에서 대답하여 이르되 나를 괴롭게 하지 말라 문이 이미 닫혔고 아이들이 나와 함께 침소에 누웠으니 일어나 네게 줄 수가 없노라 하겠느냐 내가 너희에게 말하노니 비록 벗됨을 인하여서는 일어나 주지 아니할지라도 그 강청함을 인하여 일어나 그 소용대로 주리라 내가 또 너희에게 이르노니 구하라 그러면 너희에게 주실 것이요 찾으라 그러면 찾을 것이요 문을 두드리라 그러면 너희에게 열릴 것이니 구하는 이마다 받을 것이요 찾는 이가 찾을 것이요 두드리는 이에게 열릴 것이니라 너희 중에 아비 된 자 누가 아들이 생선을 달라 하면 생선 대신에 뱀을 주며 알을 달라 하면 전갈을 주겠느냐 너희가 악할지라도 좋은 것을 자식에게 줄줄 알거든 하물며 너희 천부께서 구하는 자에게 성령을 주시지 않겠느냐 하시니라(눅 11:5-13).

어떤 방해물이 오더라도 기도만 막히지 않는다면 그 방해물은 오히려 전도

자의 능력이 되고, 전도가 더 효과적으로 됩니다.

그러므로 전도자는 어떠한 경우에도 기도가 막히지 말아야 되며, 기도의 장

벽을 넘어서야 됩니다. 그것이 전도동력을 발생시키며 유지하는 길이 됩니

다.

전도동력은 말씀을 듣고 깨닫는 것에서 오지만, 그 동력을 유지하는 데 결정적인 것은 기도입니다.

"빌기를 다하매 모인 곳이 진동하더니 무리가 다 성령이 충만하여 담대히 하나님의 말씀을 전하너라"(행 4:31).

사탄은 전도하는 것을 방해합니다. 그 한 방법으로 전도자의 환경을 어렵게 만들어 그것을 전도의 방해물로 만듭니다. 전도자들은 사탄이 만든 방해물 때문에 전도가 막히게 될 때가 많습니다. 그러나 전도가 막힌 것의 원인을 엄밀히 따지자면 기도의 장벽을 넘지 못했기 때문입니다. 어떤 방해물이 오더라도 기도만 막히지 않는다면 그 방해물은 전도자의 능력이 됩니다. 그리고 오히려 그 방해물 때문에 전도를 더 효과적으로 할 수 있게 됩니다.

위 성경 본문에서도 보면, 방해물이 올 때 빌기를 다하여 성

령을 받고, 그 권능으로 모인 곳이 진동하면서 방해물이 제거되었던 것입니다. 그런 후에 모두 담대하게 하나님의 말씀을 전할 수 있었습니다.

그래서 전도자는 어떠한 경우에도 기도가 막히지 말아야 되며, 기도의 장벽을 넘어서야 됩니다. 그것이 전도동력을 발생시키며 유지하는 길이 됩니다. 본 장에서는 기도의 일반적 이론과 함께 우리에게 흔히 오는 기도의 장벽과 그 기도의 장벽을 넘는 길을 짚어 보고자 합니다.

기도의 일반적 이론

기도는 관계성보다 강청(强請)하는 것이 중요하다

> "내가 너희에게 말하노니 비록 벗됨을 인하여서는 일어나 주지 아니할지라도 그 강청함을 인하여 일어나 그 소용대로 주리라" (눅 11:8).

이 말씀은 예수님께서 주기도문을 가르쳐 주신 후 응답 받는 기도의 비밀을 비유로 말씀해 주고 있는 부분입니다. 한 사람이 친구를 위하여 다른 친구에게 떡을 빌릴 때, 그 친구가 잠자리에 있기 때문에 빌려 주고 싶지 않더라도 그 강청함 때문에 빌려 준다고 했습니다. 이 말씀을 통해 우리는 우리가 관계성을 의지하고 구하는 것은 아닌지 살펴볼 필요가 있습니다. 우리가 아무리 신앙이 깊고, 오래 믿고, 직분이 높은 교회의 공로자라 할지라도 그것이 축복의 조건은 될지언정 기도를 대신할 수는 없습니다. 그러므로 기도는 관계성에 의지하는 것이 아니라 강청해야 하는 것이라는 사실을 깨달아야 합니다. 너무 관계를 과신한 나머지 구하지 않기 때문에 얻지 못할 때가 많기 때문입니다.

기도는 경험자만이 알 수 있는 세계이다

기도는 이론이 아닙니다. 기도에는 왕도가 없습니다. 해봐야 합니다. 오직 경험한 자만이 알 수 있습니다.

> "구하라 그러면 너희에게 주실 것이요 찾으라 그러면 찾을 것이요 문을 두드리라 그러면 너희에게 열릴 것이니 구하는 이마다 얻을 것이요 찾는 이가 찾을 것이요 두드리는 이에게 열릴 것이니라"(마 7:7-8).

여기서 "구하는 이마다…, 찾는 이가…, 두드리는 이에게…" 라는 말은 기도를 경험한 자만이 알 수 있다는 것입니다. 깊은 기도와 열심있는 간구를 통하여 응답을 받을 때 기도를 알아가게 되는 것입니다.

기도를 통하여 하나님은 인간에게 복된 것을 허락하셨다

기도를 해서 우리가 하나님께 얻은 것은 다 유익하지만, 기도하지 않고 얻은 것은 우리를 어렵게 만들고 죄를 짓게 합니다. 그러므로 기도하지 않아도 된다고 하는 의식은 우리에게 기도의 장벽으로 역사합니다. 인간은 자기가 잘하는 것 때문에 실패하기도 합니다. 따라서 잘하는 부분일수록 기도해야 하며, 기도하는 사람에게는 하나님이 좋은 것으로 허락하십니다. 이것이 기도를 아는 자의 경험입니다.

> "너희가 악할지라도 좋은 것을 자식에게 줄 줄 알거든 하물며 너희 천부께서 구하는 자에게 성령을 주시지 않겠느냐 하시니라"
> (눅 11:13).

기도의 장벽

기도해도 소용없다는 의식이 기도의 장벽이다

> "너희 중에 아비 된 자 누가 아들이 생선을 달라 하면 생선 대신에 뱀을 주며 알을 달라 하면 전갈을 주겠느냐"(눅 11:11-12).

이 부분에서 예수님은 아주 극적인 비유를 하고 계십니다. 누가 아들이 생선을 달라 할 때 뱀을 주며 알을 달라 할 때 전갈을 주겠느냐고 반문하고 계십니다. 왜 우리 주님이 이처럼 극적인 비유를 하고 있을까요? 이것은 우리 의식 속에 기도해도 소용없다고 하는 사탄의 궤계가 있을 수 있다는 것입니다. 만일 우리가 신앙 생활하면서 자신도 모르게 예전에 열심히 기도했던 때보다 기도가 약해졌다면, 그것은 기도해도 소용없다는 의식이 들어와 있다는 반증입니다. 그러나 그러한 의식은 사탄에게 속은 것입니다. 좋으신 하나님께 기도하면 할수록 모든 것이 좋아집니다. 우리 속에 나도 모르게 들어와 있는 '기도해도 소용없다' 는 의식은 우리가 가진 가장 보편적인 기도의 장벽입니다. 우리는 이를 넘어야 합니다.

기도하면 할수록 나빠진다는 생각은 더 나쁜 기도의 장벽이다

사탄은 우리 속에 기도에 대하여 더 어두운 생각을 심어 줄 수도 있습니다. 그것은 기도하면 할수록 상황이 더 어렵고 나빠질 수 있다는 생각입니다. 예수님께서도 비유에서 생선을 달라 할 때 뱀을 주고, 알을 달라 할 때 전갈을 준다는 말씀을 하신 것은 상황이 더 나빠지고 있다고 생각하는 자가 있기 때문입니다.

이것은 아주 크게 속은 것입니다. 기도의 가장 나쁜 장벽입니다. 우리는 사랑과 은혜의 하나님을 굳게 믿어야 합니다.

"너는 내게 부르짖으라 내가 네게 응답하겠고 네가 알지 못하는 크고 비밀한 일을 네게 보이리라"(렘 33:3).

기도는 나중에 해도 된다는 것이 기도의 장벽이다

기도는 미루면 안 됩니다. 기도는 미루면 미룰수록 무력해집니다. 기도는 항상, 지금, 여기서 주어진 상황에서 해야만 됩니다. 사탄은 항상 우리에게 시간이 있을 때, 조용할 때, 여건이 허락할 때 기도하라고 속입니다. 그러나 기도를 미루면 그 때는 또 다른 기도할 수 없는 상황이 오기 때문에 지금 기도해야 하는 것입니다. 기도를 미루는 것은 기도의 큰 장벽입니다.

"쉬지 말고 기도하라"(살전 5:17).

기도의 장벽을 극복해야 한다

"너희 중에 누가 아들이 떡을 달라 하면 돌을 주며 생선을 달라 하면 뱀을 줄 사람이 있겠느냐 너희가 악한 자라도 좋은 것으로 자식에게 줄 줄 알거든 하물며 하늘에 계신 너희 아버지께서 구하는 자에게 좋은 것으로 주시지 않겠느냐"(마 7:9-11).

이제 우리는 본문을 의지하여 기도의 장벽을 반드시 넘어야 됩니다. 이것만이 전도의 동력을 유지하고 복된 삶을 누리며 신앙에서 승리하는 길입니다.

좋으신 하나님을 믿어야 한다

하나님은 좋으신 분입니다. 하나님에게는 조금이라도 악한 것이나 어두움이 없습니다. 그러므로 그분에게 구하면 구할수록 우리에게는 최선의 것과 최고의 것으로 응답해 주십니다. 기도할수록 좋아집니다.

하나님은 생각한 것 이상으로 주신다

우리가 기도할 때 우리가 생각하는 때에 우리 방식대로, 우리가 원하는 대로 될 때만 응답받은 것으로 생각하지만 사실은 그렇지 않습니다. 하나님이 응답하시지 않거나 응답이 지연되는 것은 우리에게 우리가 생각하는 것보다 더 좋은 것을 주시기 위함입니다.

"우리 가운데서 역사하시는 능력대로 우리의 온갖 구하는 것이나 생각하는 것에 더 넘치도록 능히 하실 이에게"(엡 3:20).

그러므로 구체적으로 기도일지를 적으면서 계속 기도해 보십시오. 어느 일정한 시간이 지난 후에 살펴보면, 사랑 많으신 하나님이 우리의 생각에 넘치도록 역사하셨다는 것을 발견할 수 있을 것입니다.

모든 일을 할 때 기도보다 앞서지 말아야 한다

믿는 성도는 어떤 중요한 일이나 급한 일이나 큰 일이라 할지라도 기도보다 우선하지 말아야 합니다. 반드시 기도한 후에 모든 일을 행하는 습관을 가지십시오. 그럴 때에만 승리의 삶이 있습니다.

"이 때에 예수께서 기도하시러 산으로 가사 밤이 맞도록 하나님께 기도하시고 밝으매 그 제자들을 부르사 그 중에서 열둘을 택하여 사도라 칭하셨으니"(눅 6:12-13).

예수님께서도 큰 일이 있을 때 반드시 기도하셨으며 그 모습을 우리에게 보여 주셨습니다.

기도하는 자에게는 반드시 성령을 주신다

우리에게 어떤 어려운 문제가 있고, 힘든 일이 있어서 기도할 때 하나님께서는 그것을 응답하십니다. 그러나 그것뿐이 아닙니다. 기도하는 자에게는 성령을 주십니다. 이것이 큰 은혜입니다. 성령은 오늘날 하나님을 믿고 살아가는 자의 삶의 인도자이며 능력의 원천이십니다. 이는 기도의 장벽을 넘은 자에게 주시는 하나님의 가장 귀한 복입니다.

제4장 전도는 잃어버린 자를 찾는 것이다

눅 19:1-10, 요 3:16

예수께서 여리고로 들어 지나가시더라 삭개오라 이름하는 자가 있으니 세리장이요 또한 부자라 저가 예수께서 어떠한 사람인가 하여 보고자 하되 키가 작고 사람이 많아 할 수 없어 앞으로 달려가 보기 위하여 뽕나무에 올라가니 이는 예수께서 그리로 지나가시게 됨이러라 예수께서 그 곳에 이르사 우러러 보시고 이르시되 삭개오야 속히 내려오라 내가 오늘 네 집에 유하여야 하겠다 하시니 급히 내려와 즐거워하며 영접하거늘 뭇사람이 보고 수군거려 가로되 저가 죄인의 집에 유하러 들어갔도다 하더라 삭개오가 서서 주께 여짜오되 주여 보시옵소서 내 소유의 절반을 가난한 자들에게 주겠사오며 만일 뉘 것을 토색한 일이 있으면 사 배나 갚겠나이다 예수께서 이르시되 오늘 구원이 이 집에 이르렀으니 이 사람도 아브라함의 자손임이로다 인자의 온 것은 잃어버린 자를 찾아 구원하려 함이니라(눅 19:1-10).

하나님이 세상을 이처럼 사랑하사 독생자를 주셨으니 이는 저를 믿는 자마다 멸망치 않고 영생을 얻게 하려 하심이니라(요 3:16).

자식을 잃어버린 부모를 생각해 보십시오. 잃어버린 자식을 찾는 부모에게는 자식이 가진 어떤 조건이라도 중요치 않습니다. 다만 그 생명이 부모에게 돌아올 때 마치 죽었다가 살아난 것처럼 기쁘고 즐거운 것입니다. 하나님이 기뻐하시는 전도는 잃어버린 영혼을 찾아서 하나님께 돌려드리는 것입니다. 이처럼 전도자가 전도를 통하여 하나님의 마음을 알게될 때 전도의 동력이 임합니다.

전도는 잃어버린 자를 찾는 것입니다. 이것이 전도의 근본 원리입니다. 전도대상자의 행위, 자격, 능력 등 외적 조건과는 상관없이 생명 자체만을 귀중하게 여기는 것입니다. 전도자가 이것을 깨달을 때 전도에 대한 오해가 사라집니다.

"이 내 아들은 죽었다가 다시 살아났으며 내가 잃었다가 다시 얻었노라 하니 저희가 즐거워하더라"(눅 15:24).

자식을 잃어버린 부모를 생각해 보십시오. 그 자식이 어떤 부족한 점이 있다 하더라도 부모는 그 자식의 생명을 찾는 것에만 관심이 있습니다. 잃어버린 자식를 찾는 부모에게는 자식이 가진 어떤 조건이라도 중요치 않습니다. 다만 그 생명이 부모에게 돌아올 때 마치 죽었다가 살아난 것처럼 기쁘고 즐거운 것입니다.

"너희 중에 어느 사람이 양 일 백 마리가 있는데 그 중에 하나를 잃으면 아흔아홉 마리를 들에 두고 그 잃은 것을 찾도록 찾아다니지 아니하느냐"(눅 15:4).

"내가 너희에게 이르노니 이와같이 죄인 하나가 회개하면 하늘에서는 회개할 것 없는 의인 아흔아홉을 인하여 기뻐하는 것보다 더하리라"(눅 15:7).

이처럼 하나님이 기뻐하시는 전도는 잃어버린 영혼을 찾아서 하나님께 돌려드리는 것입니다.

구원의 본질

구원은 세상생명에서 하나님의 생명으로 바뀐 것이다

생명이 바뀌었다는 것은 삶의 원동력이 바뀌었다는 뜻입니다. 예수를 믿기 전의 삶의 힘은 세상에서 공급받았지만 예수 믿은 후의 삶의 힘은 하나님으로부터 받고 살아가는 것입니다. 이스라엘 백성들이 애굽에서 살 때보다 출애굽 후의 광야생활이 더 힘들고 어려웠을는지 모릅니다. 그러나 출애굽 전과 후의 삶은 전혀 다릅니다. 애굽에서는 세상의 힘으로 살았지만, 구원 받은 후의 광야의 삶은 그 힘의 원동력이 하나님께 있기 때문에 날마다 하나님의 구원을 체험할 수 있는 것입니다.

구원받은 후에는 나라와 영광이 다르다

구원받은 후 생명이 바뀌면 그들이 체험하는 나라가 달라지게 됩니다. 생명은 생명에 맞는 세계를 우리에게 체험하게 합니다.

"예수께서 대답하여 가라사대 진실로 진실로 네게 이르노니 사람이 거듭나지 아니하면 하나님 나라를 볼 수 없느니라"(요 3:3).

"예수께서 대답하시되 진실로 진실로 네게 이르노니 사람이 물과 성령으로 나지 아니하면 하나님 나라에 들어갈 수 없느니라"(요 3:5).

이처럼 생명이 바뀌면, 즉 거듭나면 하나님 나라를 볼 수 있고 체험할 수 있게 됩니다. 그래서, 구원받은 사람들은 이 땅에서 하나님 나라의 권세와 영광을 체험하게 됩니다. 생명은 환경과 나라를 결정하는 것입니다. 우리가 무엇을 행함으로 천국에 가는 것이 아니라, 주님을 믿고 영접하여 그 생명(천국생명)을 소유하면 천국에 들어가게 되는 것입니다.

"하나님이 세상을 이처럼 사랑하사 독생자를 주셨으니 이는 저를 믿는 자마다 멸망치 않고 영생을 얻게 하려 하심이니라"(요 3:16).

이제 이 땅에서 하나님 생명을 받은 자가 체험하는 하나님 나라에 대하여 생각해 보겠습니다.

"바라새인들이 하나님의 나라가 어느 때에 임하나이까 묻거늘 예수께서 대답하여 가라사대 하나님의 나라는 볼 수 있게 임하는 것이 아니요 또 여기 있다 저기 있다고도 못하리니 하나님의 나라는 너희 안에 있느니라"(눅 17:20-21).

"하나님의 나라는 먹는 것과 마시는 것이 아니요 오직 성령 안에서 의와 평강과 희락이라"(롬 14:17).

첫 번째로 '의' 란 하나님 앞에 옳다고 인정받는 것입니다. 인간의 행복은 인정받는 데 있습니다. 그것은 더욱, 가장 높은 자에게 인정받을 때 더 큰 복이 오는 것입니다. 국가에서는 대통령의 인정을 받고 가정에서는 가장에게 인정받고 자신이 속한 사회에서는 그 사회의 장으로부터 인정받는다면 그는 참으로 복된 사람일 것입니다. 하물며 만물을 창조하시고 섭리하시는 하나님께 옳다고 인정을 받는다면 그의 삶은 얼마나 복되고 행복한 삶이 되겠습니까? 이것이 행복의 원리입니다. 우리가 예수님을 믿고 하나님의 생명을 받으면 우리 속에 와 있는 하나님 나라를 체

험할 수 있으며, 하나님으로부터 항상 옳다고 인정받는 의인이
되는 것입니다.

> **"대저 의인의 길은 여호와께서 인정하시나 악인의 길은 망하리
> 로다"(시 1:6).**

두 번째로 '희락' 이란 하나님께서 주시는 샘 솟듯 하는 기쁨
입니다. 인간은 어느 면으로 보면 기쁨을 먹고 사는 존재입니다.
그런데, 어떤 기쁨을 누리느냐에 따라 삶의 질과 미래가 결정됩
니다. 기쁨에는 두 종류가 있는데, 첫째는 세상으로부터 오는 죽
이는 기쁨이고 둘째는 하나님으로부터 오는 살리는 기쁨입니다.
많은 사람들이 세상으로부터 오는 기쁨을 찾아 헤매지만, 정작
그것이 우리의 영과 육을 죽이는 것임을 알지 못하고 있습니다.

> **"일락을 좋아하는 이는 살았으나 죽었느니라"(딤전 5:6).**

그러나 하나님으로부터 오는 기쁨은 우리를 살려 내고 영생
에 이르게 합니다.

> **"이러므로 내 마음이 기쁘고 내 영광도 즐거워하며 내 육체도 안
> 전히 거하리니 이는 내 영혼을 음부에 버리지 아니하시며 주의
> 거룩한 자로 썩지 않게 하실 것임이니이다 주께서 생명의 길로
> 내게 보이시리니 주의 앞에는 기쁨이 충만하고 주의 우편에는**

영원한 즐거움이 있나이다"(시 16:9-11).

"그런즉 내가 하나님의 단에 나아가 나의 극락의 하나님께 이르리이다 하나님이여 나의 하나님이여 내가 수금으로 주를 찬양하리이다"(시 43:4).

하나님은 기쁨의 하나님이십니다. 생명이 바뀌고 주님을 영접하면 하나님이 주시는 희락을 체험할 수 있습니다.

세 번째로 '화평' 이란 생명이 바뀌고 하나님 나라가 오면 환경에 관계없는 평안을 체험하게 되는 것을 말합니다. 이는 인간이 하나님과 조화를 이룰 때 오는 평화입니다.

"그러므로 우리가 믿음으로 의롭다 하심을 얻었은즉 우리 주 예수 그리스도로 말미암아 하나님으로 더불어 화평을 누리자"(롬 5:1).

즉, 예수를 믿고 하나님의 생명을 얻으면 이 세상과 다른 평안을 누리게 된다는 것입니다.

"평안을 너희에게 끼치노니 곧 나의 평안을 너희에게 주노라 내가 너희에게 주는 것은 세상이 주는 것 같지 아니하니라 너희는 마음에 근심도 말고 두려워하지도 말라"(요 14:27).

이처럼 예수를 믿어 구원을 받으면 이 세상에서 하나님 나라
와 그 영광을 체험하게 됩니다.

사망에서 영생으로 바뀌었다

구원받기 전의 인간들은 모두 죄악의 삯으로 사망에 붙들려 고
통당하고 있습니다. 질병, 가난, 미움, 시기, 질투, 분쟁, 우상숭
배, 악의 종, 미신 등의 포로가 되어 있는 것입니다. 그러나 예수
를 믿어 구원을 받으면 사망권세에서 벗어나 영생의 축복을 받게
됩니다. 그리고 육적, 정신적, 영적인 자유를 누리게 됩니다.

"진리를 알지니 진리가 너희를 자유케 하리라"(요 8:32).

이처럼 사망에서 벗어나 영생의 복을 받은 자는 이 세상의 어
떤 어려운 환경에서도 자유하며, 세상 사람을 부러워하지 않으
며 참 만족과 참 생명의 축복으로 천국의 거룩한 삶을 살 수 있
게 됩니다.

구원의 방법

예수님이 세리장 삭개오를 구원하는 모습에 나타난 구원의
방법을 생각해 보면, 구원은 인간의 어떠한 노력의 공로로 이루

어지는 것이 아니라 전적인 주님의 은혜로만 이루어지는 것임을
알 수 있습니다. 그러므로 전도자는 이 길을 알려 주기만 하면
됩니다.

구원은 예수님이 오심으로 이루어진다

구원은 주님 안에서 완성되었습니다. 그러므로 누구에게든지
주님이 찾아오시면, 주님의 은혜가 임하며 구원받게 되는 것입
니다.

"예수께서 여리고로 들어 지나가시더라"(눅 19:1).

"예수께서 이르시되 오늘 구원이 이 집에 이르렀으니 이 사람도
아브라함의 자손임이로다"(눅 19:9).

우리는 일반적으로 삭개오가 뽕나무에 올라가는 적극적인 행
동으로 구원받은 것이라고 생각하지만 사실은 그 반대입니다.
예수님이 먼저 여리고땅 삭개오에게 찾아오심으로써 이루어지
게 된 것입니다.

믿는 자마다 구원을 받는다

예수님께서 찾아오시기는 하지만 그 개개인이 주님을 믿고

영접해야만 구원에 이르게 됩니다.

"예수께서 그 곳에 이르사 우러러 보시고 이르시되 삭개오야 속히 내려오라 내가 오늘 네 집에 유하여야 하겠다 하시니"(눅 19:5).

"급히 내려와 즐거워하며 영접하거늘"(눅 19:6).

이처럼 주님을 기쁨으로 영접한 삭개오는 구원에 이르게 된 것입니다.

구원은 반드시 회개를 동반한다

예수님을 영접하고 은혜를 체험한 후에는 반드시 회개하게 됩니다. 물론 우리는 이것을 '회개하고 예수 믿는다'고 말하지만 체험상으로 본다면 은혜를 받은 후에 진정한 회개에 이르게 되는 것입니다.

"삭개오가 서서 주께 여짜오되 주여 보시옵소서 내 소유의 절반을 가난한 자들에게 주겠사오며 만일 뉘 것을 토색한 일이 있으면 사 배나 갚겠나이다"(눅 19:8).

"예수께서 이르시되 오늘 구원이 이 집에 이르렀으니 이 사람도

지금이 은혜의 때이다

지금이 바로 은혜의 때이기 때문에 누구든지 예수님을 영접하면 구원에 이르게 됩니다. 이것은 어느 누구라도 차별이 없습니다. 그러므로 믿는 자는 전도해야만 합니다.

"우리가 하나님과 함께 일하는 자로서 너희를 권하노니 하나님의 은혜를 헛되이 받지 말라 가라사대 내가 은혜 베풀 때에 너를 듣고 구원의 날에 너를 도왔다 하셨으니 보라 지금은 은혜받을 만한 때요 보라 지금은 구원의 날이로다"(고후 6:1-2).

제5장

전도는 전도의 비밀무기를 가져야 된다

골 4:2

기도를 항상 힘쓰고 기도에 감사함으로 깨어 있으라(골 4:2).

전도는 영적 전쟁입니다. 그래서 전도자는 능력도 있어야 되지만 영적 무기가 있어야 됩니다. 그래야만 불신자의 영혼을 사탄의 권세에서 건져내어 하나님 나라로 옮길 수 있습니다.

전도자가 실제로 이 영적 무기를 소유하고 사용할 때 전도의 열매가 있게 됩니다.

전도, 즉 영혼구원의 주권은 하나님이 갖고 계십니다. 그러나 하나님은 인간을 통해서 그 일을 행하십니다. 은혜 받은 자, 능력 받은 자를 통하여 하나님은 일하시는 것입니다.

"그러나 내가 하나님의 성령을 힘입어 귀신을 쫓아내는 것이면 하나님의 나라가 이미 너희에게 임하였느니라 사람이 먼저 강한 자를 결박하지 않고야 어떻게 그 강한 자의 집에 들어가 그 세간을 늑탈하겠느냐 결박한 후에야 그 집을 늑탈하리라"(마 12:28-29).

이처럼 전도는 영적 전쟁입니다. 그래서 전도자는 능력도 있어야 되지만 영적 무기가 있어야 됩니다. 그래야만 불신자의 영혼을 사탄의 권세에서 건져내어 하나님 나라로 옮길 수 있습니다.

"그가 우리를 흑암의 권세에서 건져내사 그의 사랑의 아들의 나라로 옮기셨으니"(골 1:13).

이제 전도자에게 필요한 영적 비밀무기가 무엇인지 살펴보겠습니다. 이것은 세상 사람들이 전혀 알 수 없는 것입니다.

주님의 보혈

"내가 애굽 땅을 칠 때에 그 피가 너희의 거하는 집에 있어서 너희를 위하여 표적이 될지라 내가 피를 볼 때에 너희를 넘어가리니 재앙이 너희에게 내려 멸하자 아니하리라"(출 12:13).

여기서 양의 피는 예수님의 보혈을 나타냅니다. 예수님의 보혈을 의지하면 하나님이 천군 천사로 그를 보호하십니다. 왜냐하면 예수님의 보혈 속에는 생명이 있고, 또 주님의 보혈이 믿는 자의 죄를 대속하기 때문입니다.

"육체의 생명은 피에 있음이라 내가 이 피를 너희에게 주어 단에 뿌려 너희의 생명을 위하여 속하게 하였나니 생명이 피에 있으므로 피가 죄를 속하느니라"(레 17:11).

주님의 보혈을 의지하는 자는 사탄이 침투하지 못합니다. 그러므로 주의 보혈을 믿는 자에게 구원의 역사가 일어나게 됩니다.

"또 여러 형제가 어린 양의 피와 자기의 증거하는 말을 인하여 저를 이기었으니 그들은 죽기까지 자기 생명을 아끼지 아니하였도다"(계 12:11).

예수의 이름

예수의 이름은 살아 계신 주님의 인격과 능력과 권세 자체를 나타냅니다. 예수의 이름을 믿는 자 속에 주님은 역사하시므로 이 예수의 이름을 사용하면 악한 사탄은 묶이고 믿는 자는 자유케 됩니다.

"이같이 여러 날을 하는지라 바울이 심히 피로와하여 돌이켜 그 귀신에게 이르되 예수 그리스도의 이름으로 내가 네게 명하노니 그에게서 나오라 하니 귀신이 즉시 나오니라"(행 16:18).

그래서 누구든지 주의 이름을 부르는 자는 구원을 받게 됩니다.

"유대인이나 헬라인이나 차별이 없음이라 한 주께서 모든 사람의 주가 되사 저를 부르는 모든 사람에게 부요하시도다 누구든지 주의 이름을 부르는 자는 구원을 얻으리라"(롬 10:12-13).

주님의 사랑

"그리스도의 사랑이 우리를 강권하시는도다 우리가 생각건대 한 사람이 모든 사람을 대신하여 죽었은즉 모든 사람이 죽은 것이라 저가 모든 사람을 대신하여 죽으심은 산 자들로 하여금 다시는 저희 자신을 위하여 살지 않고 오직 저희를 대신하여 죽었다가 다시 사신 자를 위하여 살게 하려 함이니라"(고후 5:14).

세상의 사랑은 모두 대가를 바라는 사랑입니다. 무조건적 사랑은 세상에 없습니다. 그러나 주님이 주시는 천국의 사랑은 대가를 바라지 않는 무조건적 사랑입니다. 이 사랑은 체험한 자만 알고 전할 수 있습니다. 누구든지 주님의 사랑을 받으면 세상에 얽매이는 사슬을 벗고 천국의 사람으로 구원받게 됩니다.

교회

"또 내가 네게 이르노니 너는 베드로라 내가 이 반석 위에 내 교회를 세우리니 음부의 권세가 이기지 못하리라"(마 16:18).

교회는 주님의 몸으로서 구원받은, 하나님의 생명을 받은 자들의 유기적 공동체입니다. 따라서 교회 속에는 하나님의 생명이 있고, 능력이 있고, 권세가 있습니다. 그러므로 교회는 전도의 큰 발판이요 무기입니다. 왜냐하면 흑암의 권세가 이기지 못하기 때문입니다. 교회사적으로 볼 때, 교회를 떠나서는 구원이 있을 수 없음을 알 수 있습니다. 능력 있는 교회는 전도의 무기이며, 구원받은 자의 성장과 성숙의 온상입니다.

말씀

"가로되 주 예수를 믿으라 그리하면 너와 네 집이 구원을 얻으리라 하고 주의 말씀을 그 사람과 그 집에 있는 모든 사람에게 전하더라"(행 16:31-32).

구원을 받게 하는 마지막 무기는 결국 하나님의 말씀입니다. 그 말씀 속에는 주님의 생명이 있고, 영생에 이르는 지혜가 있습니다.

"또 네가 어려서부터 성경을 알았나니 성경은 능히 너로 하여금 그리스도 예수 안에 있는 믿음으로 말미암아 구원에 이르는 지혜가 있게 하느니라"(딤후 3:15).

그래서 주님께서도 이렇게 말씀하셨습니다.

"살리는 것은 영이니 육은 무익하니라 내가 너희에게 이른 말이
영이요 생명이라"(요 6:63).

이것을 깨달은 베드로는 주님께 "주여 영생의 말씀이 계시매
우리가 뉘게로 가오리이까"(요 6:68)라고 말했던 것입니다.

하나님의 말씀은 전도의 강한 무기입니다.

기도

"집에 들어가시매 제자들이 종용히 묻자오되 우리는 어찌하여
능히 그 귀신을 쫓아내지 못하였나이까 이르시되 기도 외에 다
른 것으로는 이런 유가 나갈 수 없느니라 하시니라"(막 9:28-
29).

기도는 하늘 문을 여는 것입니다. 그러므로 기도할 때 전도의
능력이 임하고, 전도의 문이 열리게 됩니다.

"기도를 항상 힘쓰고 기도에 감사함으로 깨어 있으라 또한 우리
를 위하여 기도하되 하나님이 전도할 문을 우리에게 열어 주사
그리스도의 비밀을 말하게 하시기를 구하라 내가 이것을 인하여
매임을 당하였노라"(골 4:2-3).

예수님께서도 전도하시기 전에 반드시 기도하셨습니다.

"새벽 오히려 미명에 예수께서 일어나 나가 한적한 곳으로 가사
거기서 기도하시더니"(막 1:35).

"우리가 다른 가까운 마을들로 가자 거기서도 전도하리니 내가
이를 위하여 왔노라"(막 1:38).

기도는 전도자의 절대적인 영적 무기입니다.

선포

"제자들이 나가 두루 전파할새 주께서 함께 역사하사 그 따르는
표적으로 말씀을 확실히 증거하시니라"(막 16:20).

전도자에게 있어서 중요한 것은 말씀을 현장으로 가지고 나
가서 전파하는 것입니다. 이것은 실제적인 무기입니다. 우리가

복음의 말씀을 전파할 때, 주님이 표적과 기사로 친히 역사하시는 것입니다. 그리고 그것을 말씀에 대한 증거로 삼게 하십니다. 그러므로 우리가 말씀을 선포하는 그 자체가 전도자의 무기인 것을 잊지 말아야 합니다.

제6장

전도는 성령의 인도함을 받아야 된다

요 15:26-27

내가 아버지께로서 너희에게 보낼 보혜사 곧 아버지께로서 나오시는 진리의 성령이 오실 때에 그가 나를 증거하실 것이요 너희도 처음부터 나와 함께 있었으므로 증거하느니라(요 15:26-27).

우리는 전도할 때에 성령보다 앞서지 말고 항상 동행하며 순종해야 합니다. 성령께서 인도하시는 길은 인간의 눈으로 볼 때에는 어렵고 힘들어 보이지만, 결국에는 전도의 열매를 맺게 하는 길이기 때문입니다. 그러므로 전도자는 성령의 임재를 확신하고 체험해야 합니다. 그리고 철저히 성령의 인도함을 받을 때 전도의 동력이 임합니다.

전도동력을 받으며 전도에 승리하려면 성령의 인도함을 철저하게 받아야 됩니다. 그래야 열매가 있습니다. 인간의 재주로 하는 전도는 실패하고 맙니다. 성령의 인도함을 받지 않고 하는 전도는 자칫하면 교만에 빠지고 인간의 공로와 자랑으로 끝나게 될 수 있습니다.

또, 전도가 잘 안 되면 전도자가 좌절과 실망에 빠져 시험에 들게 됩니다. 그래서 전도의 시작과 그 과정, 결과까지 성령의 인도하심을 받아야 됩니다.

"내가 아버지께로서 너희에게 보낼 보혜사 곧 아버지께로서 나오시는 진리의 성령이 오실 때에 그가 나를 증거하실 것이요 너희도 처음부터 나와 함께 있었으므로 증거하느니라"(요 15:26-27).

전도의 총사령관은 성령이시다

전도는 비록 인간이 하지만 그 시작과 결과를 성령이 주장하십니다. 그래서 우리는 전도할 때에 성령보다 앞서지도 말고 항상 동행하며 순종해야 합니다. 그리하면 성령께서 전도자에게 지혜와 지식과 능력을 허락해 주십니다.

"내가 아버지께로서 너희에게 보낼 보혜사 곧 아버지께로서 나오시는 진리의 성령이 오실 때에 그가 나를 증거하실 것이요"(요 15:26).

즉, 전도의 일차 책임은 성령이시고, 그 다음에 우리가 증거해야 한다는 말입니다.

"너희도 처음부터 나와 함께 있었으므로 증거하느니라"(요 15:27).

전도자는 성령을 먼저 앞세우고 순종해야 합니다. 그렇게 할 때 자유함이 오고 열매를 맺는 전도생활을 할 수 있습니다.

이제 구체적으로 성령이 전도에 어떻게 역사하는지 살펴보겠습니다.

성령이 하시는 일

예수 부활을 증거하고 믿게 하신다

"이 예수를 하나님이 살리신지라 우리가 다 이 일에 증인이로다
하나님이 오른손으로 예수를 높이시매 그가 약속하신 성령을 아
버지께 받아서 너희 보고 듣는 이것을 부어 주셨느니라"(행
2:32-33).

성령은 예수님이 부활하셔서 하나님 보좌 우편에 앉으신 증
거로 우리에게 오신 보혜사이십니다. 그러므로 성령은 예수 부
활의 영으로서 예수 부활을 확신하게 하고, 또 증거하게 하시는
것입니다.

"우리는 유대인의 땅과 예루살렘에서 그의 행하신 모든 일에 증
인이라 그를 저희가 나무에 달아 죽였으나 하나님이 사흘 만에
다시 살리사 나타내시되 모든 백성에게 하신 것이 아니요 오직
미리 택하신 증인 곧 죽은 자 가운데서 일어나신 후 모시고 음식
을 먹은 우리에게 하신 것이라"(행 10:39-41).

성령은 거듭나게 하신다

"예수께서 대답하시되 진실로 진실로 네게 이르노니 사람이 물
과 성령으로 나지 아니하면 하나님 나라에 들어갈 수 없느니라"
(요 3:5).

성령은 예수를 믿게 하시고, 또 믿는 자를 거듭나게 하십니
다. 그러므로 새로운 생명을 허락하시고 새로운 생명을 받은 자
로 하여금 새로운 세계, 하나님의 나라를 체험하게 하시는 것입
니다.

"예수께서 대답하여 가라사대 진실로 진실로 네게 이르노니 사
람이 거듭나지 아니하면 하나님 나라를 볼 수 없느니라"(요 3:3).

성령은 전도자의 안에 거하신다

"만일 너희 속에 하나님의 영이 거하시면 너희가 육신에 있지 아
니하고 영에 있나니 누구든지 그리스도의 영이 없으면 그리스도
의 사람이 아니라"(롬 8:9).

성령께서 전도자 속에 거하시면서 친히 그 사람을 통하여 하
나님 말씀을 선포하게 하고, 예수를 증거하게 하십니다.

"내가 다시는 여호와를 선포하지 아니하며 그 이름으로 말하지
아니하리라 하면 나의 중심이 불붙는 것 같아서 골수에 사무치
니 답답하여 견딜 수 없나이다"(렘 20:9).

"그러므로 내가 너희에게 알게 하노니 하나님의 영으로 말하는
자는 누구든지 예수를 저주할 자라 하지 않고 또 성령으로 아니
하고는 누구든지 예수를 주시라 할 수 없느니라"(고전 12:3).

그러므로 엄격히 말하면 성령께서 전도자 속에서 역사하시므
로 실제 영혼구원이 이루어지는 것입니다. 이것이 전도이며, 성
령은 영원히 믿는 자와 함께하십니다.

성령은 성도의 보증이 되신다

"그 안에서 너희도 진리의 말씀 곧 너희의 구원의 복음을 듣고
그 안에서 또한 믿어 약속의 성령으로 인치심을 받았으니"(엡
1:13).

성령께서는 전도자 속에 내주하실 뿐 아니라, 믿는 자 속에서
친히 구원의 보증이 되시어 천국 축복을 누리게 하십니다. 그리
고 전도자 속에서 날마다 옳다고 하는 확신을 주심으로 전도의
동력을 유지하게 하십니다.

"성령이 친히 우리 영으로 더불어 우리가 하나님의 자녀인 것을 증거하시나니"(롬 8:16).

그리고 성령은 전도를 받아 구원받은 자를 천국에 이를 때까지 인치시고 지켜 보호하십니다.

"하나님의 성령을 근심하게 하지 말라 그 안에서 너희가 구속의 날까지 인치심을 받았느니라"(엡 4:30).

성령은 전도자를 인도한다

"그러하나 진리의 성령이 오시면 그가 너희를 모든 진리 가운데로 인도하시리니 그가 자의로 말하지 않고 오직 듣는 것을 말하시며 장래 일을 너희에게 알리시리라"(요 16:13).

성령은 믿는 자를 친히 진리 가운데로 인도하십니다. 그리고 우리에게 장래 일을 알려 주십니다. 그래서 전도자는 항상 성령의 인도함을 받음으로써 영혼을 구원하는 큰 일을 이룰 수 있는 것입니다.

"성령이 아시아에서 말씀을 전하지 못하게 하시거늘 브루기아와 갈라디아 땅으로 다녀가 무시아 앞에 이르러 비두니아로 가고자 애쓰되 예수의 영이 허락지 아니하시는지라'(행 16:6-7).

성령께서 인도하시는 길은 인간의 눈으로 볼 때에는 어렵고 힘들어 보이지만, 결국에는 전도의 열매를 맺게 하는 길입니다. 앞의 말씀에서도 보면, 바울은 아시아로 가지 아니하고 마게도냐 지방으로 감으로써 빌립보 지역에서 큰 전도의 역사를 이루게 됩니다.

성령은 겸손하게 하신다

"그가 내 영광을 나타내리니 내 것을 가지고 너희에게 알리겠음이니라"(요 16:14).

예수님이 아버지의 영광을 나타냈듯이 성령은 아들의 영광을 나타내십니다. 그러므로 성령은 늘 믿는 자와 전도자가 자기를 나타내지 아니하고 주님을 나타내도록 겸손하게 하십니다. 전도자가 자칫하면 속을 수도 있는 부분이 있습니다. 그것은 전도의 능력이나 결과가 자기에게서 나온다고 착각하는 것입니다. 그럴 때 주님의 은혜와 능력은 사라지고 사탄의 시험에 빠질 수 있습니다. 하나님은 겸손한 자에게 은혜를 주십니다.

"그러나 더욱 큰 은혜를 주시나니 그러므로 일렀으되 하나님이 교만한 자를 물리치시고 겸손한 자에게 은혜를 주신다 하였느니라"(약 4:6).

성령은 권능을 주신다

"오직 성령이 너희에게 임하시면 너희가 권능을 받고 예루살렘
과 온 유대와 사마리아와 땅 끝까지 이르러 내 증인이 되리라 하
시니라"(행 1:8).

본문은 성령께서 우리에게 권능을 주신다고 말하고 있습니
다. 전도에 필요한 모든 자원과 능력, 즉 재주, 물질, 지식, 시간,
사람, 대상 등을 주시겠다는 것입니다. 그러므로 인간은 아무것
도 염려하지 말고 오직 성령을 의지하여 성령 충만을 받아야 합
니다. 이럴 때 이 땅에서 승리의 삶을 살 수 있으며, 복된 전도의
열매를 맺게 되는 것입니다.

전도의 다이나믹 파워

제 7 장
전도는 생명의 경작을 하는 것이다

막 4:26-29

또 가라사대 하나님의 나라는 사람이 씨를 땅에 뿌림과 같으니 저가 밤낮 자고 깨고 하는 중에 씨가 나서 자라되 그 어떻게 된 것을 알지 못하느니라 땅이 스스로 열매를 맺되 처음에는 싹이요 다음에는 이삭이요 그 다음에는 이삭에 충실한 곡식이라 열매가 익으면 곧 낫을 대나니 이는 추수 때가 이르렀음이니라(막 4:26-29).

전도는 전적으로 하나님의 주권에 의해 이루어지는 것이지만, 하나님은 인간을 통하여 그 전도를 이루어 가십니다. 전도는 씨를 뿌리고, 가꾸고, 열매를 맺게 하여 추수하는 법칙에 따라서 이루어집니다. 그러므로 전도자의 노력과 희생과 애씀이 필요합니다. 그러므로 전도자는 진실과 성실로 성경의 경작원리에 따라 전도해야 하며 그 때 열매가 있습니다.

영혼구원, 즉 전도는 전적으로 하나님의 주권에 의해 이루어지는 것이지만, 하나님은 인간을 통하여 그 전도를 이루어 가십니다. 이 전도는 경작의 원리에 의해서 이루어지게 됩니다. 우리가 농사를 지을 때 씨를 뿌리고, 가꾸고, 열매를 맺게 하여 추수하는 것처럼 전도도 추수의 법칙에 따라서 이루어지게 되는 것입니다.

"또 가라사대 하나님의 나라는 사람이 씨를 땅에 뿌림과 같으니… 땅이 스스로 열매를 맺되 처음에는 싹이요 다음에는 이삭이요 그 다음에는 이삭에 충실한 곡식이라 열매가 익으면 곧 낫을 대나니 이는 추수 때가 이르렀음이니라"(막 4:26-29).

여기서 전도자의 노력과 희생과 애씀이 필요함을 알 수 있습니다. 그러므로 하나님은 열심히 일하는 전도자를 부르시며, 축복하십니다.

"그러나 너는 모든 일에 근신하여 고난을 받으며 전도인의 일을 하며 네 직무를 다하라"(딤후 4:5).

"이제 후로는 나를 위하여 의의 면류관이 예비되었으므로 주 곧 의로우신 재판장이 그날에 내게 주실 것이니 내게만 아니라 주의 나타나심을 사모하는 모든 자에게니라"(딤후 4:8).

전도가 추수법칙, 즉 생명을 경작하는 원리로 이루어진다는 사실은 전도에 있어서 매우 중요한 통찰입니다. 이 원리의 깨달음이 있을 때 전도의 폭넓은 진리를 깨닫게 됩니다. 우리는 나가서 전도지를 나눠주고 복음을 증거하면 전도가 이루어진다고 생각하기 쉽습니다. 그러나 성경이 말하는 전도는 그것과는 다릅니다. 성경은 하나님께서 심고 거두는 경작의 원리에 따라 영혼을 구원하신다고 말하고 있습니다.

"내가 진실로 진실로 너희에게 이르노니 한 알의 밀이 땅에 떨어져 죽지 아니하면 한 알 그대로 있고 죽으면 많은 열매를 맺느니라"(요 12:24).

이 말씀은 주님의 부활의 말씀이지만, 우리를 구원하는 전도의 원리도 알려 주시는 말씀입니다. 우리가 구원받을 수 있었던 것은 주님이 한 알의 씨앗으로 심겨지셨기 때문입니다. 결국 우리는 그 생명의 열매인 것입니다.

우리가 실제로 전도하는 데 있어서 한 번 나가서 사람을 접촉하고 복음을 증거하여 구원을 받게 한 체험이 있다 하더라도 그것은 자기 혼자 이루어낸 일이 아닙니다. 사실 그 사람은 그 때 복음을 받아들였다기보다는 이미 그 전에 하나님의 말씀을 받아들여서 복음의 싹이 자라나 있다가 당신이 나가서 그 열매를 거둔 결과에 지나지 않은 것입니다. 즉, 씨를 뿌린 자와 거두는 자가 다르게 나타난 것입니다. 반대로 내가 씨를 뿌린 자를 다른 사람이 거두어 갈 수 있다는 사실도 우리는 인정해야만 합니다. 하나님은 그렇게 역사하십니다. 그래서 전도의 양육까지 포함하여 선을 이루게 되는 것입니다.

"거두는 자가 이미 삯도 받고 영생에 이르는 열매를 모으나니 이는 뿌리는 자와 거두는 자가 함께 즐거워하게 하려 함이니라 그런즉 한 사람이 심고 다른 사람이 거둔다 하는 말이 옳도다 내가 너희로 노력지 아니한 것을 거두러 보내었노니 다른 사람들은 노력하였고 너희는 그들의 노력한 것에 참여하였느니라"(요 4:36-38).

이제 경작의 원리에 입각하여 어떻게 전도해야 할지 생각해 보겠습니다.

씨를 준비하라

"그러므로 믿음은 들음에서 나며 들음은 그리스도의 말씀으로
말미암았느니라"(롬 10:17).

농사를 지을 때 제일 먼저 필요한 것은 씨앗입니다. 마찬가지
로 전도자에게는 나가서 심을 복음의 씨, 즉 말씀이 준비되어야
합니다. 우리가 전도에 부담을 느끼는 것도 사실 깊이 생각해 보
면, 나가서 전할 말씀이 준비되어 있지 않기 때문입니다. 전할
말씀만 준비되어 있다면 누구든지 쉽게 나가서 복음을 전하게
될 것입니다. 살아있는 하나님의 말씀이 복음의 씨입니다. 그러
므로 전도자는 생명의 씨앗, 즉 은혜로운 말씀을 항상 준비해야
만 합니다. 이것을 위해서는 목회자가 큰 책임을 감당해야 합니
다.

일꾼이 필요하다

"이후에 주께서 달리 칠십 인을 세우사 친히 가시려는 각동 각
처로 둘씩 앞서 보내시며"(눅 10:1).

전도할 때는 실제로 두 명 이상의 일꾼이 필요합니다. 그리고
두 명이 한 조로 전도하러 나갈 때 가장 효과적입니다. 한 사람

이 전도에 의욕과 담력을 상실했을 때 다른 한 사람이 힘을 줄 수 있기 때문입니다. 또 전도의 과정 속에서 벌어지는 어려움이나 마귀의 참소에 의하여 시험이 들 때도 서로 증참자가 되어 돕게 되므로 대단히 효과적입니다. 그러므로 전도는 아무리 능력이 있는 사람이라 하더라도 한 명이 나가는 것은 위험하며, 또 세 명 이상이 같이 나가는 것도 효과적이지 못합니다. 그래서 예수님은 제자들을 두 명을 한 조로 보내서 전도하게 하신 것입니다.

밭을 확보하라

"오직 성령이 너희에게 임하시면 너희가 권능을 받고 예루살렘과 온 유대와 사마리아와 땅 끝까지 이르러 내 증인이 되리라 하시니라"(행 1:8).

실제 전도하는 데 있어서 제일 중요한 것은, 경작할 수 있는 밭, 즉 전도대상자를 확보하는 일입니다. 우리가 전도를 계속할 때 가장 부담스러운 일은 누구에게, 어디로 찾아가느냐입니다. 그래서 전도자는 불신자를 전도대상자로 확보하면서 꾸준히 관계성을 유지해 나가야 합니다. 이를 관계성 전도라고 말합니다.

관계에 의하여 확보된 전도대상자를 계속 방문하고 심방하고 기도해서 전도될 때까지 관계를 더 깊이 유지하며 복음을 증거하게 되는 것입니다. 이 과정에서 전도자는 평상시에 계속 자기와 관계를 맺고 있던 사람을 전도대상자, 즉 경작지로 확보하는 것입니다.

거름이 준비되어야 한다

"새벽 오히려 미명에 예수께서 일어나 나가 한적한 곳으로 가사 거기서 기도하시더니"(막 1:35).

"이에 온 갈릴리에 다니시며 저희 여러 회당에서 전도하시고 또 귀신들을 내어 쫓으시더라"(막 1:39).

거름은 기도를 말합니다. 전도자는 전도대상자를 위하여 항상 기도해야 합니다. 예수님도 전도하기 전에 반드시 기도하셨습니다. 전도대상자를 위해서 우리가 기도할 때 그에게 주어진 말씀이 잘 자라나 열매를 맺게 되는 것입니다. 이것은 체험으로 알 수 있습니다.

전도의 다이나믹 파워

파수꾼이 필요하다

"사람들이 잘 때에 그 원수가 와서 곡식 가운데 가라지를 덧뿌리고 갔더니"(마 13:25).

파수꾼은 전도되어 교회에 나온 사람을 가르치고 양육하는 사람을 말합니다.

우리는 전도대상자가 교회에 나왔다고 해서 안심하면 안 됩니다. 마귀는 전도되어 나온 자에게 가라지를 뿌려 결국 말씀을 받아들이지 못하게 하여 다시 교회에 나오는 것을 중단하게 합니다. 전도를 해보면 실제 이런 상황은 자주 일어납니다.

불신자가 교회에 처음 나오면 마귀는 모든 친척, 친구 또는 아는 사람들이 교회에 대한 부정적 소리를 하게 함으로써 새신자가 시험에 들어서 교회에 나오지 못하도록 합니다. 전도의 결과를 임상적으로 조사해 보면, 교회가 새신자에게 관심을 갖지 않고 양육하지 않을 때 새신자가 교회에 정착하는 비율이 보통 10-15% 정도밖에 되지 않습니다. 그렇게 어렵게 전도된 사람 대부분이 중도에 탈락하게 되는 것입니다. 그러므로 우리가 효과적으로 양육에 힘써야만이 정착되는 비율이 20%, 30%, 40% 그리고 50% 이상 높아질 수 있습니다. 따라서 전도 후에 양육하는 파수꾼이 절대적으로 필요합니다.

추수꾼이 필요하다

"사람들이 한 중풍병자를 네 사람에게 메워 가지고 예수께로 올 새 무리를 인하여 예수께 데려갈 수 없으므로 그 계신 곳의 지붕을 뜯어 구멍을 내고 중풍병자의 누운 상을 달아내리니 예수께서 저희의 믿음을 보시고 중풍병자에게 이르시되 소자야 네 죄 사함을 받았느니라 하시니"(막 2:3-5).

전도는 혼자 할 수 없는 것입니다. 전도의 동역자가 필요합니다. 본문 말씀에서도 한 중풍병자가 고침받는 데 친구 네 명의 도움이 결정적이었음을 알 수 있습니다. 만약에 이들의 도움이 없었다면 이 중풍병자가 예수님께 나가는 것은 어려웠을 것입니다.

실제 전도에 있어서도 처음에는 전도자끼리 선의의 경쟁이 도움이 되는 것 같지만, 나중에는 전도자끼리 서로 연합하고 돕는 것이 더 효과적임을 알 수 있습니다. 그래서 전도자는 서로 돕는 추수꾼처럼 협력해야 합니다.

비전을 가져야 한다

"너희가 넉 달이 지나야 추수할 때가 이르겠다 하지 아니하느냐 내가 너희에게 이르노니 눈을 들어 밭을 보라 희어져 추수하게 되었도다"(요 4:35).

전도자는 세상을 바라보는 남다른 시야를 가져야 합니다. 즉 전도의 비전, 영혼 구원의 소망을 가져야 한다는 말입니다. 그러므로 사람을 외모로 판단하지 말고 그 영혼이 구원을 받아 하나님의 자녀가 되는 비전을 갖고 끊임없이 기도하면서 전도에 전력해야 합니다.

전도는 생명의 경작을 하는 것이다

제8장 전도는 영적 시야를 가져야 된다

겔 37:1-14

여호와께서 권능으로 내게 임하시고 그 신으로 나를 데리고 가서 골짜기 가운데 두셨는데 거기 뼈가 가득하더라 나를 그 뼈 사방으로 지나게 하시기로 본즉 그 골짜기 지면에 뼈가 심히 많고 아주 말랐더라 그가 내게 이르시되 인자야 이 뼈들이 능히 살겠느냐 하시기로 내가 대답하되 주 여호와여 주께서 아시나이다 또 내게 이르시되 너는 이 모든 뼈에게 대언하여 이르기를 너희 마른 뼈들아 여호와의 말씀을 들을지어다 주 여호와께서 이 뼈들에게 말씀하시기를 내가 생기로 너희에게 들어가게 하리니 너희가 살리라 너희 위에 힘줄을 두고 살을 입히고 가죽으로 덮고 너희 속에 생기를 두리니 너희가 살리라 또 나를 여호와인 줄 알리라 하셨다 하라 이에 내가 명을 좇아 대언하니 대언할 때에 소리가 나고 움직이더니 이 뼈 저 뼈가 들어 맞아서 뼈들이 서로 연락하더라 …또 내게 이르시되 인자야 이 뼈들은 이스라엘 온 족속이라 그들이 이르기를 우리의 뼈들이 말랐고 우리의 소망이 없어졌으니 우리는 다 멸절되었다 하느니라 그러므로 너는 대언하여 그들에게 이르기를 주 여호와의 말씀에 내 백성들아 내가 너희 무덤을 열고 너희로 거기서 나오게 하고 이스라엘 땅으로 들어가게 하리라 내 백성들아 내가 너희 무덤을 열고 너희로 거기서 나오게 한즉 너희가 나를 여호와인줄 알리라 내가 또 내 신을 너희 속에 두어 너희로 살게 하고 내가 또 너희를 너희 고토에 거하게 하리니 나 여호와가 이 일을 말하고 이룬 줄을 너희가 알리라 나 여호와의 말이니라 하셨다 하라(겔 37:1-14).

전도가 실제 이루어지려면 전도자의 시야가 중요합니다. 전도자는 세상 사람과 다른 시야를 가지고 있어야 합니다. 전도자가 성령 안에서 새로운 영적 시야를 가질 때 세상이 보이고 영혼이 보입니다. 그 때 전도가 되어집니다. 그래서 전도자는 성령과 말씀 안에서 영적시야가 열리도록 기도해야 합니다.

우리의 신앙생활에 있어서 가장 중요한 점은 주님의 마음을 아는 것입니다. 주님의 마음을 우리가 알면 하늘문이 열리고 하늘로부터 응답과 축복을 받을 수 있습니다. 성경은 우리에게 세상에 대한 주님의 마음을 잘 나타내 주고 있습니다.

"인자의 온 것은 잃어버린 자를 찾아 구원하려 함이니라"(눅 19:10).

"인자의 온 것은 섬김을 받으려 함이 아니라 도리어 섬기려 하고 자기 목숨을 많은 사람의 대속물로 주려 함이니라"(막 10:45).

"이르시되 우리가 다른 가까운 마을들로 가자 거기서도 전도하리니 내가 이를 위하여 왔노라 하시고"(막 1:38).

본문 말씀을 보면 우리 주님이 이 땅에 오신 목적이 분명히 나타나 있습니다. 바로 인간의 영혼을 구원하여 하나님의 자녀로 만드는 것입니다. 따라서 우리가 그 목적을 이루어 갈 때 영원토록 주님은 우리와 함께하십니다.

> "그러므로 너희는 가서 모든 족속으로 제자를 삼아 아버지와 아들과 성령의 이름으로 세례를 주고 내가 너희에게 분부한 모든 것을 가르쳐 지키게 하라 볼지어다 내가 세상 끝날까지 너희와 항상 함께 있으리라 하시니라"(마 28:19-20).

그러면 이 귀중한 영혼구원의 방법, 즉 전도의 실제에 대하여 깊이 생각해 봅시다.

전도는 실제로 어떻게 이루어지는가?

전도자의 눈이 열려야 된다

전도가 실제로 이루어지려면 전도자의 시야가 중요합니다. 전도자는 세상 사람과 다른 시야를 가지고 있어야 하며, 그래야 전도가 이루어집니다.

전도자는 세상을 보는 눈이 열려야 한다.

전도자는 세상을 보는 눈이 열려야 하며 그 때부터 전도가 시작됩니다.

"그러므로 너는 대언하여 그들에게 이르기를 주 여호와의 말씀에 내 백성들아 내가 너희 무덤을 열고 너희로 거기서 나오게 하고 이스라엘 땅으로 들어가게 하리라"(겔 37:12).

이 말씀을 통해 우리는 하나님이 가르쳐 주시는 세상에 대한 계시를 엿볼 수 있습니다. 하나님께서는 당시에 이스라엘을 포로로 잡고 있는 바벨론을 무덤으로 표현하고 계십니다. 가장 찬란한 문화를 발전시켰던 바벨론이 영적으로 보면 한낱 무덤에 지나지 않는 것입니다. 바벨론과 마찬가지로 세상 사람들이 그처럼 사모하고 부러워하는 이 세상은 한낱 죽음을 상징하는 무덤에 지나지 않습니다.

바울은 다메섹 도상에서 주님을 만나 눈이 멀었다가 눈이 열린 후에 전도를 시작했습니다. 마찬가지로 우리도 세상을 바라보는 시야가 바뀌어져야 합니다.

"즉시 사울의 눈에서 비늘 같은 것이 벗어져 다시 보게 됬지라 일어나 세례를 받고"(행 9:18).

그러므로 이 세상이 아무리 아름답고 찬란해 보이더라도 영적으로는 무덤에 지나지 않습니다. 이 세상 속에 있는 사람을 구원해야 할 이유가 여기 있습니다. 무덤에서 나오게 해야 됩니다.

전도자는 세상 사람에 대하여 눈이 열려야 한다

"여호와께서 권능으로 내게 임하시고 그 신으로 나를 데리고 가서 골짜기 가운데 두셨는데 거기 뼈가 가득하더라 나를 그 뼈 사방으로 지나게 하시기로 본즉 그 골짜기 지면에 뼈가 심히 많고 아주 말랐더라"(겔 37:1-2).

구원받지 못한 세상 사람들은 영적으로 보면 마른 뼈에 지나지 않습니다. 아무리 겉으로 귀하고 훌륭하게 보여도 생명이 없는 죽은 자에 지나지 않는 것입니다. 전도자는 세상 사람에 대한 시야가 열려야 합니다. 그래야 그들을 불쌍히 여겨서 구원할 수 있습니다.

전도자는 세상의 미래가 없음을 보아야 한다

"또 내게 이르시되 인자야 이 뼈들은 이스라엘 온 족속이라 그들이 이르기를 우리의 뼈들이 말랐고 우리의 소망이 없어졌으니 우리는 다 멸절되었다 하느니라"(겔 37:11).

세상에는 미래가 없고 참된 소망이 없습니다. 그러므로 그들은 파멸로 끝날 수밖에 없는 것입니다. 비전이 없는 곳은 언제든지 타락하여 죄악의 종이 될 수밖에 없고, 결국 사망의 길로 치닫게 됩니다. 하나님이 세상에 대한 영적 시야를 열어 주시면 전도자는 영원한 참된 미래인 천국을 전파해야 됩니다.

말씀에 대한 확신이 있어야 한다

"또 내게 이르시되 너는 이 모든 뼈에게 대언하여 이르기를 너희 마른 뼈들아 여호와의 말씀을 들을지어다 주 여호와께서 이 뼈들에게 말씀하시기를 내가 생기로 너희에게 들어가게 하리니 너희가 살리라"(겔 37:4-5).

그러나 세상이 하나님 안에서 소망이 전혀 없는 것은 아닙니다. 하나님 말씀이 대언되어 받아들여질 때 생명 없는 세상 사람들이 살아나는 것을 본문에서 알 수 있습니다. 따라서 세상에는 소망이 없지만, 하나님 안에서, 그 말씀 안에서 우리는 참 소망을 가질 수 있다는 것을 알아야 됩니다.

말씀의 일반적 확신

전도자는 하나님 말씀에 대해서 다음과 같은 확신을 갖고 있어야 합니다. 말씀에 확신이 없다면 전도는 사실상 불가능합니다.

하나님 말씀은 항상 옳다는 확신을 가지라

하나님 말씀은 진리이고 영원히 옳기 때문에 결국 승리하게 됩니다.

하나님 말씀은 전능하다는 확신을 가지라

"대저 하나님의 모든 말씀은 능치 못하심이 없느니라"(눅 1:37).

전도자는 우주 만물이 하나님 말씀으로 창조되었으며 지금도 유지되고 있으며 섭리되고 있다는 확신을 가져야 합니다. 말씀은 일점 일획도 상실됨이 없이 그대로 이루어지고 있습니다.

"그러므로 모든 육체는 풀과 같고 그 모든 영광이 풀의 꽃과 같으니 풀은 마르고 꽃은 떨어지되 오직 주의 말씀은 세세토록 있도다 하였으니 너희에게 전한 복음이 곧 이 말씀이니라"(벧전 1:24-25).

하나님 말씀은 사랑이라는 확신을 가지라

말씀은 사람에게 최고의 유익을 줍니다. 그것은 사랑이신 주님의 말씀이기 때문입니다. 말씀대로 하면 당장은 손해를 보는 것 같으나 결국은 합력하여 선을 이루게 됩니다. 그러므로 전도자는 이 확신을 가지고 하나님 말씀을 전해야 됩니다.

말씀 속에는 사람을 살리는 생기가 있다

"또 내게 이르시되 너는 이 모든 뼈에게 대언하여 이르기를 너희 마른 뼈들아 여호와의 말씀을 들을지어다 주 여호와께서 이 뼈들에게 말씀하시기를 내가 생기로 너희에게 들어가게 하리니 너희가 살리라"(겔 37:4-5).

누구든지 말씀만 들으면 살아납니다. 말씀 속에는 사람을 살리는 생기(breath of life)가 들어 있기 때문입니다. 그래서 어떤 사람이라도 말씀을 듣고 순종하면 병든 사업, 가정, 육체, 인격, 그 어떤 경우에서도 살아나게 됩니다. 전도자는 이 확신을 가지고 말씀을 위탁받은 자로서 담대히 하나님 말씀을 전해야 됩니다.

말씀은 삶을 조화롭게 한다

"이에 내가 명을 좇아 대언하니 대언할 때에 소리가 나고 움직이더니 이 뼈, 저 뼈가 들어맞아서 뼈들이 서로 연락하더라"(겔 37:7).

인간의 행복은 조화에 있습니다. 인간의 삶이 조화롭지 못하면 아무리 부유하더라도 행복하지 못합니다. 그러나 말씀에 순종하면 우리는 조화로운 삶을 누릴 수 있게 됩니다. 본문에 보면 말씀을 대언할 때 이 뼈, 저 뼈가 서로 연락한다는 말이 있습니다. 이것은 우리의 삶이 서로 잘 맞아서 기뻐하며 조화를 이루게 된다는 것입니다. 즉, 지, 정, 의가 하나가 되어 삶에서 조화를 이룬다는 의미입니다. 내가 생각하고 느낀 것을 실천에 옮길 수 있다는 것입니다. 말씀의 능력으로 이런 삶이 가능하게 됩니다.

말씀이 육신을 강건케 한다

"너희 위에 힘줄을 두고 살을 입히고 가죽으로 덮고 너희 속에 생기를 두리니 너희가 살리라 또 나를 여호와인 줄 알리라 하셨다 하라"(겔 37:6).

말씀은 인간이 가진 육체의 질병을 물리칠 수 있습니다. 말씀으로 은혜를 받으면 영혼이 강건해지고 범사가 잘 되며 몸이 강건해집니다.

"사랑하는 자여 네 영혼이 잘 됨같이 네가 범사에 잘 되고 강건하기를 내가 간구하노라"(요삼 2).

본문에서도 말씀이 임할 때 힘줄과 살과 가죽이 덮여서 생기를 통하여 살아나는 것을 볼 수 있습니다. 육신은 하나님의 그릇입니다. 우리가 하나님의 일을 하기 위해서는 우리의 육체가 강건해야 되는데, 그것은 말씀의 능력으로 가능합니다.

말씀은 환경을 복되게 한다

"내가 또 내 신을 너희 속에 두어 너희로 살게 하고 내가 또 너희를 너희 고토에 거하게 하리니 나 여호와가 이 일을 말하고 이룬 줄을 너희가 알리라 나 여호와의 말이니라 하셨다 하라"(겔 37:14).

본문에 등장하는 '고토'는 옛날 땅이지만 말씀을 통하여 하나님의 신이 함께하면 복된 땅이 된다는 것입니다. 이처럼 말씀은 우리의 환경을 복되게 바꿀 수 있습니다. 전도자는 이러한 확신을 가져야 합니다.

말씀을 전하는 방법

전도는 말씀을 대언하는 것이다

"이에 내가 명을 좇아 대언하니 대언할 때에 소리가 나고 움직이더니…"(겔 37:7).

전도는 내 맘대로 말씀을 전하는 것이 아니라 하나님이 말씀하시는 것을 내가 대언하는 것입니다. 나는 입만 열어서 내 속에서 역사하시는 하나님의 능력에 따라 말을 하면 됩니다. 마치 주유소에서 주유기의 스위치만 누르면 기름이 나오는 것이나, 또 수도꼭지를 열기만 하면 물이 나오는 것과 마찬가지입니다. 전도자가 하나님과 바른 교제만 한다면, 하나님께서는 계속 말씀을 공급하실 것입니다.

전도는 말씀에 순종하는 것이다

"성령이 빌립더러 이르시되 이 병거로 가까이 나아가라 하시거늘 빌립이 달려가서 선지자 이사야의 글 읽는 것을 듣고 말하되 읽는 것을 깨닫느뇨"(행 8:29-30).

성령께서 주시는 말씀에 철저히 순종할 때 열매를 맺게 되는 것입니다. 본문에서 빌립은 성령에 순종하여 에디오피아의 사람 간다게에게 전도함으로 큰 열매를 맺게 됩니다.

전도를 할 때 축복을 받는다

전도는 생명을 구원하는 길이지만 하나님으로부터 축복을 받는 통로이기도 합니다. 하나님이 전도자를 사용하셨기 때문에 쓰신 만큼 축복을 주시는 것입니다. 쓰임 받지 않으면 축복도 없습니다.

제9장 전도는 강권의 비밀을 알아야 된다

눅 14:15-24

함께 먹는 사람 중에 하나가 이 말을 듣고 이르되 무릇 하나님의 나라에서 떡을 먹는 자는 복되도다 하니 이르시되 어떤 사람이 큰 잔치를 배설하고 많은 사람을 청하였더니 잔치할 시간에 그 청하였던 자들에게 종을 보내어 가로되 오소서 모든 것이 준비되었나이다 하매 다 일치하게 사양하여 하나는 가로되 나는 밭을 샀으매 불가불 나가 보아야 하겠으니 청컨대 나를 용서하도록 하라 하고 또 하나는 가로되 나는 소 다섯 겨리를 샀으매 시험하러 가니 청컨대 나를 용서하도록 하라 하고 또 하나는 가로되 나는 장가 들었으니 그러므로 가지 못하겠노라 하는지라 종이 돌아와 주인에게 그대로 고하니 이에 집주인이 노하여 그 종에게 이르되 빨리 시내의 거리와 골목으로 나가서 가난한 자들과 병신들과 소경들과 저는 자들을 데려오라 하니라 종이 가로되 주인이여 명하신 대로 하였으되 오히려 자리가 있나이다 주인이 종에게 이르되 길과 산울 가로 나가서 사람을 강권하여 데려다가 내 집을 채우라 내가 너희에게 말하노니 전에 청하였던 그 사람은 하나도 내 잔치를 맛보지 못하리라 하였다 하시니라(눅 14:15-24).

전도자는 무조건 사람들을 강권해서는 안 됩니다. 전도대상자 중에는 강권의 대상과 기도의 대상이 있습니다. 만약 이것을 모르고 강권의 대상이 아닌 자를 붙잡고 무조건 강권하다 보면 전도는 되지 아니하고 오히려 전도자가 탈진하여 전도의 동력을 상실할 우려가 있습니다. 그러므로 이것을 구분할 수 있는 눈을 지니는 것이 대단히 중요합니다.

하나님께서 우주를 섭리하고 다스려 나가는 데에는 중요한 법칙이 있습니다. 그것은 영혼을 구원하는 쪽으로 우리 주님이 우주를 다스리고 섭리하고 있다는 것입니다.

"예수께서 나아와 일러 가라사대 하늘과 땅의 모든 권세를 내게 주셨으니 그러므로 너희는 가서 모든 족속으로 제자를 삼아 아버지와 아들과 성령의 이름으로 세례를 주고"(마 28:18-19).

"그 후에는 나중이니 저가 모든 정사와 모든 권세와 능력을 멸하시고 나라를 아버지 하나님께 바칠 때라 저가 모든 원수를 그 발 아래 둘 때까지 불가불 왕 노릇 하시리니 맨 나중에 멸망받을 원수는 사망이니라"(고전 15:24-26).

그러므로 주님의 뜻을 따라 영혼 구원에 매진하는 자는 하나님의 우주적 축복을 받는다는 확신을 가지고 전도에 노력해야 됩니다.

"내가 복음을 전할지라도 자랑할 것이 없음은 내가 부득불 할 일
임이라 만일 복음을 전하지 아니하면 내게 화가 있을 것임이로
라"(고전 9:16).

그러나 복된 영혼 구원은 교회를 통해서 이루어지는 것이며,
이것이 주님의 뜻이요, 성경적인 것임을 알아야 됩니다.

"또 내가 네게 이르노니 너는 베드로라 내가 이 반석 위에 내 교
회를 세우리니 음부의 권세가 이기지 못하리라"(마 16:18).

이제 교회를 통해서 영혼을 구원하는 문제에 대해서 생각해
보겠습니다.

어떤 교회가 영혼을 구원할 수 있는가?

잔치집 같은 교회여야 한다

"함께 먹는 사람 중에 하나가 이 말을 듣고 이르되 무릇 하나님
의 나라에서 떡을 먹는 자는 복되도다 하니 이르시되 어떤 사람
이 큰 잔치를 배설하고 많은 사람을 청하였더니"(눅 14:15-16).

　부흥되는 교회, 전도할 수 있는 교회는 잔치집같이 풍성하여 오는 이마다 기쁨과 배부름이 있어야 합니다. 교회 잔치는 세상 잔치와는 다릅니다. 세상 잔치는 육적으로는 풍성하지만, 영적으로는 하면 할수록 피곤하고 갈증이 심합니다.

> "주 여호와께서 가라사대 보라 날이 이를지라 내가 기근을 땅에 보내리니 양식이 없어 주림이 아니며 물이 없어 갈함이 아니요 여호와의 말씀을 듣지 못한 기갈이라"(암 8:11).

　교회에는 세상과 다른, 영적으로 풍성한 잔치가 있어야 합니다. 주님은 세상 잔치에 목말라 있는 자를 풍성한 교회의 영적 잔치로 초청한 것입니다.

> "명절 끝 날 곧 큰 날에 예수께서 서서 외쳐 가라사대 누구든지 목마르거든 내게로 와서 마시라 나를 믿는 자는 성경에 이름과 같이 그 배에서 생수의 강이 흘러나리라 하시니"(요 7:37-38).

　예수님께서는 세상 잔치가 목마르다는 것을 알고 세상 잔치를 끝낸 사람만 주님께 오라고 초청하고 계십니다. 이것이 은혜이며, 전도의 비밀입니다.

교회는 모두 준비되어 있어야 한다

"잔치할 시간에 그 청하였던 자들에게 종을 보내어 가로되 오소
서 모든 것이 준비되었나이다 하매"(눅 14:17).

교회는 모든 것이 준비된 곳입니다. 그런 확신을 갖고 있는
자만이 전도할 수 있습니다. 세상은 다 준비되어 있는 것 같지만
결정적인 것을 지니지 못한 곳입니다. 그러나 교회는 다 없고 부
족한 곳 같지만 결정적인 문제를 해결할 수 있는 곳입니다. 하나
님이 함께하시기 때문입니다. 그러므로 세상에 나가서 문제 있
는 사람, 병들고, 가난하고, 어렵고, 힘들어하는 사람 누구든지
오라고 초청해야 됩니다. 그리고 그들의 문제를 해결할 수 있음
을 확신해야 합니다.

"이 약속은 너희와 너희 자녀와 모든 먼 데 사람 곧 주 우리 하나
님이 얼마든지 부르시는 자들에게 하신 것이라 하고 또 여러 말
로 확증하며 권하여 가로되 너희가 이 패역한 세대에서 구원을
받으라 하니"(행 2:39-40).

이것은 기복주의가 아닙니다. 누구든지 교회에 와서 하나님
말씀을 듣고, 하나님의 뜻을 깨달으면 어떤 어려운 문제나 상황
속에서도 반드시 길을 찾을 수 있습니다. 뜻이 있는 곳에 길이
있는 것이 하나님의 섭리입니다.

"예수께서 가라사대 내가 곧 길이요 진리요 생명이니 나로 말미
암지 않고는 아버지께로 올 자가 없느니라"(요 14:6).

교회에 어떻게 사람들을 초청하는가?

본문의 비유에서 주님은 교회에 사람들을 강권하여 초청하라
고 하셨습니다. 그래서 하나님의 집을 채우라는 것입니다.

"주인이 종에게 이르되 길과 산을 가로 나가서 사람을 강권하여
데려다가 내 집을 채우라"(눅 14:23).

하나님의 집은 항상 채워져 있어야 됩니다. 그것이 하나님의
뜻입니다. 만약에 하나님의 집이라 할지라도 비어 있다면 그것
은 마귀가 앉아 있다고 종교개혁자 루터는 말했습니다. 그러므
로 우리는 하나님의 집을 강권해서 채워야 합니다.
'강권한다'는 말은 헬라어로 '아낭카손'(ἀνάγκασον)입니다.
이 말은 전도대상자의 인권이나 개인의 자유를 조금 억압한다
할지라도 그를 강하게 권하여 초청하고 전도하라는 뜻입니다.
어떤 이가 만약에 예수를 영접하여 구원을 받는다면 그 어떤 자
유가 잠시 억압되고 유보된다 할지라도 그에게는 큰 축복이 아
닐 수 없기 때문입니다.

"만일 네 손이 너를 범죄케 하거든 찍어 버리라 불구자로 영생에 들어가는 것이 두 손을 가지고 지옥 꺼지지 않는 불에 들어가는 것보다 나으니라"(막 9:43).

강권하는 방법을 잘 알아야 된다

전도자는 무조건 사람들을 강권해서는 안 됩니다. 강권해서 될 사람과 강권하지 말아야 할 사람이 있기 때문입니다. 이 말은 사람을 구별하라는 뜻은 아닙니다. 지금 당장 강권하지 말고 때를 기다려 기도하라는 것입니다. 전도대상자 중에는 강권의 대상과 기도의 대상이 있습니다. 만약에 이것을 모르고 강권의 대상이 아닌 자를 붙잡고 무조건 강권하다 보면 전도하려다가 전도는 되지 않고 오히려 전도자가 탈진하여 전도의 동력을 상실할 우려가 있습니다. 그러므로 이것을 구분할 수 있는 눈을 지니는 것이 대단히 중요합니다.

강권하지 말아야 할 대상은 누구인가?

세상에 붙들려 바쁜 사람은 안 됩니다. 이 사람들은 지금은 강권의 대상이 아니므로 계속 기도해야만 합니다. 그리고 때가 될 때 그들을 강권하면 효과적입니다. 그러면 예수님의 비유를 통하여 강권의 대상이 아닌 자를 살펴보겠습니다.

밭을 샀다는 사람

"다 일치하게 사양하여 하나는 가로되 나는 밭을 샀으매 불가불
나가보아야 하겠으니 청컨대 나를 용서하도록 하라하고"(눅
14:18).

이 사람은 물질적인 욕망에 붙들린 사람을 말합니다. 우리가
세상에서 살려면 물질이 필요하지만 유독 물질에 붙들려 있는
사람은 강권의 대상이 아닙니다. 이 사람은 기도의 대상입니다.
물론 물질이 많은 사람이 모두 물욕에 붙들린 자는 아닙니다.
물질이 많고 적은 것에 상관없이 물질에 사로잡힌 자는 전도될
수 없습니다. 이를 구분할 줄 알아야 합니다.

소를 사서 시험하겠다는 사람

"또 하나는 가로되 나는 소 다섯 겨리를 샀으매 시험하러 가니
청컨대 나를 용서하도록 하라 하고"(눅 14:19).

이 사람은 지식적인 욕망, 즉 인간의 재주와 기술의 욕심에
붙들린 자입니다. 우리는 이 부분에서 자칫 잘못하면 속을 수도
있습니다. 하나님 없이 지나치게 지식이나 재주에 욕심을 갖는
것, 그 자체가 좋은 것이라고 착각할 수 있지만 사실은 이것도
인간의 욕망일 뿐입니다. 이것이 너무 지나치면 죄를 짓게 되고

하나님을 반역하게 되는 것입니다. 우리는 속지 말아야 됩니다. 하나님 없는 지식이 아무리 화려하고 커 보이더라도 결국은 하나님을 불신하고 배역한다는 사실을 기억해야만 합니다. 진정한 지식은 여호와를 경외하는 데 있습니다.

"여호와를 경외하는 것이 지식의 근본이어늘 미련한 자는 지혜와 훈계를 멸시하느니라"(잠 1:7).

하나님을 모르면서 지식에 집착하는 것에 우리는 현혹되지 말아야 합니다. 지적 욕망에 붙들린 사람들은 전도가 쉽지 않기 때문에 강권의 대상이 아니라 기도의 대상입니다.

장가들었다는 사람

"또 하나는 가로되 나는 장가들었으니 그러므로 가지 못하겠노라 하는지라"(눅 14:20).

누구든지 하나님의 뜻 안에서 배우자를 선택하고 결혼하는 것은 축복일 것입니다. 그러나 하나님 없이 자기가 원하는 사람과 결혼하여 거기에 빠져 있는 자는 정욕에 붙들려 있는 사람입니다. 인간의 선한 욕망은 행복의 요건이 되지만, 하나님 없는 정욕은 죄악입니다. 그러므로 이런 자들은 전도하기 어렵습니다. 누구나 자기의 배우자나 자식이 귀하지만 그들이 하나님보다 앞선다면 그것은 우상입니다.

> "사람이 땅 위에 번성하기 시작할 때에 그들에게서 딸들이 나니 하나님의 아들들이 사람의 딸들의 아름다움을 보고 자기들의 좋아하는 모든 자로 아내를 삼는지라 여호와께서 가라사대 나의 신이 영원히 사람과 함께 하지 아니하리니 이는 그들이 육체가 됨이라…"(창 6:1-3).

> "아비나 어미를 나보다 더 사랑하는 자는 내게 합당치 아니하고 아들이나 딸을 나보다 더 사랑하는 자도 내게 합당치 아니하고 또 자기 십자가를 지고 나를 좇지 않는 자도 내게 합당치 아니하니라"(마 10:37-38).

전도자는 이런 정욕에 붙들린 자를 구별하여 지금은 강권하지 말고 기도해야만 더 효과적입니다. 이들은 강권의 대상이 아니라고 주님은 말씀하십니다.

강권의 대상은 누구인가?

> "종이 돌아와 주인에게 그대로 고하니 이에 집 주인이 노하여 그 종에게 이르되 빨리 시내의 거리와 골목으로 나가서 가난한 자들과 병신들과 소경들과 저는 자들을 데려오라 하니라"(눅 14:21).

주님이 가르쳐 주는 강권의 대상은 누구입니까? 그들은 본문에서 말한 것처럼 가난한 자들과 병신들과 소경들과 저는 자들입니다. 하나님께서는 하나님 앞에서 자기의 부족을 깨달은 자들을 초청하라고 하신 것입니다. 이들이 강권의 대상입니다.

우리가 전도를 못하는 이유는 우리 주변의 너무 잘나고 똑똑하고 훌륭한 사람을 전도하려고 하기 때문입니다. 주님은 그렇게 말씀하시지 않습니다. 사람의 외적 신분이 어떻든 간에 그 자신이 하나님 앞에 부족하고 병든 자임을 아는 자, 누구에게든지 도움이 필요한 것을 알고 있는 자를 초청하라고 하는 것입니다. 주님은 건강한 자가 아니라 병든 자를 위하여 오셨기 때문입니다.

"예수께서 들으시고 이르시되 건강한 자에게는 의원이 쓸데없고 병든 자에게라야 쓸데있느니라 너희는 가서 내가 긍휼을 원하고 제사를 원치 아니하노라 하신 뜻이 무엇인지 배우라 내가 의인을 부르러 온 것이 아니요 죄인을 부르러 왔노라 하시니라"(마 9:12-13).

전도자는 자신이 하나님 앞에 부족한 것과 죄인인 것을 아는 자를 찾아서 강권해야만 합니다. 그래야 성공적인 전도가 실제로 이루어지게 되는 것입니다. 이것이 주님이 가르쳐 주시는 비밀입니다.

강권하는 데 숨겨진 뜻이 있다

인간은 자기 스스로 의지만 강하다면 나쁜 습관이나 생활 방식을 고칠 수 있습니다. 그러나 인간 스스로의 힘으로는 전혀 할 수 없는 일이 있습니다. 아무리 의지가 강한 사람이라 할지라도 스스로 하나님 앞에 나올 수는 없습니다. 즉 자기의 영혼구원의 문제는 자기 힘으로는 불가능하다는 것입니다. 그러므로 누군가의 초청을 받고 강권에 의해서만 하나님께 나와 구원받을 수 있습니다. 이것이 강권의 비밀입니다. 실제로는 교회에 나오고 싶지만 강권하는 사람이 없어서 나오지 못하는 사람도 많이 있다는 사실을 알아야 합니다. 그리고 전도자는 때를 얻든지 못 얻든지 하나님 말씀을 증거해야 됩니다.

"너는 말씀을 전파하라 때를 얻든지 못 얻든지 항상 힘쓰라 범사에 오래 참음과 가르침으로 경책하며 경계하며 권하라"(딤후 4:2).

강권하여 전도하는 자의 축복을 알아야 한다

사랑의 능력을 받는다

"너희가 알 것은 죄인을 미혹한 길에서 돌아서게 하는 자가 그 영혼을 사망에서 구원하며 허다한 죄를 덮을 것이니라"(약 5:20).

전도자는 사랑의 능력을 받게 됩니다. 사랑의 능력을 받으면 사막 같은 세상도 천국으로 바꿀 수 있습니다.

아름다운 지위를 얻는다

"지혜 있는 자는 궁창의 빛과 같이 빛날 것이요 많은 사람을 옳은 데로 돌아오게 한 자는 별과 같이 영원토록 비취리라"(단 12:3).

전도자는 이 땅에서도 복을 받지만, 하늘에서 가장 아름다운 지위를 얻게 된다는 사실을 확신하고 전도의 일에 열심을 내야 합니다.

능력과 권세를 받는다

"예수께서 나아와 일러 가라사대 하늘과 땅의 모든 권세를 내게 주셨으니 그러므로 너희는 가서 모든 족속으로 제자를 삼아 아버지와 아들과 성령의 이름으로 세례를 주고 내가 너희에게 분부한 모든 것을 가르쳐 지키게 하라 볼지어다 내가 세상 끝 날까지 너희와 항상 함께 있으리라 하시니라"(마 28:18-20).

전도자는 주님이 함께하시기 때문에 세상을 이길 수 있는 능력과 권세를 받게 됩니다. 그러므로 이 세상에서 참 자유와 승리의 삶을 살 수 있습니다.

물질의 축복을 받는다

"나의 하나님이 그리스도 예수 안에서 영광 가운데 그 풍성한 대로 너희 모든 쓸 것을 채우시리라"(빌 4:19).

전도자는 전도 그 자체가 예수 안에서 하나님의 영광을 가장 잘 드러내는 것이기 때문에 하나님이 모든 물질적인 문제도 풍성하게 해결해 주심을 확신해야 합니다.

기도응답을 받는다

"내가 천국 열쇠를 네게 주리니 네가 땅에서 무엇이든지 매면 하늘에서도 매일 것이요 네가 땅에서 무엇이든지 풀면 하늘에서도 풀리리라 하시고"(마 16:19).

주님께서는 이 기도의 약속을 교회에 주셨기 때문에 우리가 실제로 전도할 때 우리 속에서 응답으로 체험되는 것입니다. 전도자는 이 기도의 응답의 약속을 확신해야 합니다.

제10장

능력있는 전도특공대 운영(Ⅰ)

예수님은 제자들을 삼 년 동안 훈련시킴으로 말미암아 전도의 영성을 열게 하고 전도에 필요한 전도의 능력을 갖게 하여서 인류 구원을 시작하셨습니다. 전도는 전도의 동력이 임한 사람만이 할 수 있기 때문에 소수에 의해서만 이루어진다고 볼 수 있습니다. 우리는 그들을 전도대원, 소위 전도특공대라고 부를 수 있습니다.

교회를 실제로 운영하는 데 있어서 전도는 필수적임을 알아야 합니다. 전도하지 않는 교회는 절대로 부흥하지 않습니다. 이것은 초대교회부터 지금까지 교회 역사 속에서 증명됩니다. 예수님이 제자를 선택해서 훈련시킨 목적도 따지고 보면 전도를 위하여 훈련을 시킨 것이라고 볼 수 있습니다. 사실 초신자들 누구나 전도를 할 수 있는 것이 아니기 때문입니다.

전도특공대의 필요성

성경적 근거

성경을 연구해 보면 예수님 주변에 수많은 사람들이 쫓아다닌 것을 볼 수 있습니다. 적게는 수 명에서 많게는 수만 명에 이르렀습니다. 그렇지만 예수님은 그들 모두에게 전도를 하라고 말한 적은 없었습니다. 전도가 성도의 사명이지만, 그들에게는 실제적으로 전도할 수 있는 능력이 없기 때문입니다. 그러므로 엄격히 말하면 전도는 전도에 대한 영성이 열린 사람만이 감당할 수 있는 사명입니다.

다시 말해 전도의 동력, 전도의 능력, 전도의 훈련을 받은 자에 의해서만 전도가 된다고 볼 수 있습니다. 그래서 예수님은 제자들을 훈련시켜서 파송시키신 것입니다.

"예수께서 이 열둘을 내어 보내시며 명하여 가라사대 ··· 전파하여 말하되 천국이 가까왔다 하고"(마 10:5-7).

"이후에 주께서 달리 칠십 인을 세우사 친히 가시려는 각동 각처로 둘씩 앞서 보내시며"(눅 10:1).

예수님은 제자들을 삼 년 동안 훈련시키셔서 전도의 영성을 열게 하고, 전도에 필요한 전도의 능력을 갖게 하여서 인류구원을 시작하셨습니다.

결과적으로 전도는 전도의 동력이 임한 사람만 할 수 있기 때문에 소수에 의해서 이루어진다고 볼 수 있습니다. 우리는 그들을 전도대원, 소위 전도특공대라고 부를 수 있습니다.

우리들이 일반적으로 교회에서 전도하겠다고 다짐하는 열심

있는 사람들을 모아서 전도특공대로 뽑는 것과는 아주 다른 이야기입니다. 전도를 할 때 임상적으로 체험하게 되는 것은, 전도는 사람의 능력에 의해서 되기보다는 절대적 주권을 가지신 하나님에 의해 훈련받은 전도의 영성이 있는 자에게 하나님께서 택한 영혼을 붙여 주신다는 것입니다.

실제 전도에 있어서 전도동력이 임한 자와 훈련받지 않은 초보자 사이에는 큰 차이가 있습니다. 동력이 임한 자는 그 마음이 열려서 교회를 찾고 있는 사람을 만나게 됩니다. 그러나 초보자가 전도를 나갈 때에는 선택받지 않은 사람이나 구원받지 못할 사람을 전도하려고 하기 때문에 많은 방해물을 만나게 되고 전도가 힘들어 전도를 포기할 수밖에 없게 됩니다. 그러므로 전도는 인간이 한다기보다, 하나님이 주권을 가지고 준비된 자에게 붙여 주시는 것임을 알 수 있습니다.

이것은 개인뿐 아니라 교회도 마찬가지라고 볼 수 있습니다. 21세기 한국 교회를 바라볼 때에도 준비된 교회와 준비되지 않은 교회는 크게 차이가 날 수밖에 없을 것입니다. 새신자를 훈련시키고 그들을 천국까지 인도할 수 있는 능력과 영성이 있는 교회는 계속 하나님이 택한 영혼을 보내 주시지만, 준비되어 있지 않은 교회는 전도가 더욱 힘들 수밖에 없을 것입니다.

그러므로 미래의 교회는 큰 교회와 작은 교회의 차이가 더 심해질 것입니다. 영성이 준비되지 않은 교회는 존재하기가 더 어려워질 것입니다. 미래가 가진 여러 가지 특징 중에서 우리가 주목해야 할 점이 바로 '스피드'인데 그 빠른 변화를 영성으로 극복하는 교회만이 계속 부흥하며 존재할 수 있을 것입니다.

하나님의 필요성

"내가 또 주의 목소리를 들은즉 이르시되 내가 누구를 보내며 누가 우리를 위하여 갈꼬 그때에 내가 가로되 내가 여기 있나이다 나를 보내소서"(사 6:8).

전도는 절대적으로 하나님이 주권을 갖고 있고 반드시 인간을 통해서 그 역사를 이루십니다. 하나님께서 사용하시는 인간은 바로 전도 동력을 받은 사람입니다. 인간이 가만히 있으면 하나님도 가만히 계십니다. 하나님은 전능하시기 때문에 오늘도 일을 하려고 하는 사람을 찾으시고 또 준비된 자를 찾고 계십니다.

하나님이 이사야를 선지자로 쓰시기 전에 그를 기도자로 만들고, 거룩하게 회개하게 만드셨습니다. 그럼으로써 선지자의 조건을 갖춰서 말씀을 가르칠 수 있는 능력자가 되게 하셨습니다. 그런 후에 비로소 이사야는 하나님의 선지자로 쓰임받게 된 것입니다. "누가 우리를 위하여 갈꼬" 하나님이 그렇게 물으실 때 "주여 내가 여기 있나이다"라고 말할 수 있어야 합니다. 이것 이 오늘 우리가 훈련받아야 되고 준비되어야 할 이유입니다.

임상적 필요성

전도훈련을 실제로 교회에서 시켜 보면 전도에 대한 관심과 실제 은사를 갖고 있는 자들이 5% 내지 10% 사이에 있다고 하 는 것이 임상적 보고와 학술발표에 나타나 있습니다. 그러므로 교회에서는 이들을 찾아내어 집중적으로 훈련시킴으로 그 교회 에 전도를 내실화시켜야 합니다.

대부분의 교회는 전체 교인에게 전도를 강요하기 때문에 전 도에 은사나 관심이 없는 자에게 큰 부담으로 다가오기 쉽고, 자 칫하면 교회를 떠나는 실수를 범하게 할 수 있습니다. 그러므로 교회의 지도자는 속히 그 교회에 소수이지만 전도에 대한 관심 과 은사가 있는 자를 개발하여 특공대 요원을 구성하는 것이 중 요합니다. 아무리 작은 교회라도 실제 2명 이상은 찾아낼 수 있 을 것입니다.

그래서, 다른 교인들의 전도에 대한 부담을 덜어주고 전도의 다른 쪽 은사를 개발시켜 줌으로써 효과적인 결과를 가져오게 할 수 있습니다.

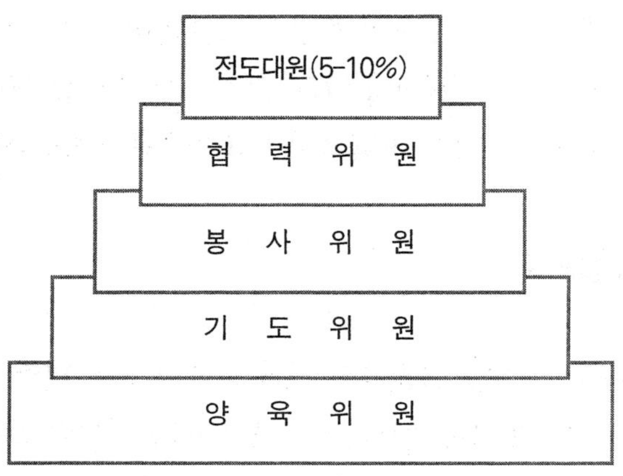

예를 들어, 특공대에 대하여 협력위원을 개발시켜 줌으로 차량과 물질을 지원해 주고, 또 봉사위원을 개발시켜 줌으로 전도대원 가정의 어린아이 봐주기, 청소해 주기, 빨래해 주기, 중식제공 등을 지원하여 전도대원이 편안하게 활동할 수 있도록 돕습니다. 또 기도요원을 구성하여 집중적으로 특공대원을 지원하여 기도해 줌으로 영적인 힘을 얻고 담력있게 전도할 수 있도록합니다. 이는 바울 사도가 교인들의 지원을 받아 전도했던 성경적인 모델입니다.

"기도를 항상 힘쓰고 기도에 감사함으로 깨어 있으라 또한 우리를 위하여 기도하되 하나님이 전도할 문을 우리에게 열어 주사 그리스도의 비밀을 말하게 하시기를 구하라 내가 이것을 인하여 매임을 당하였노라"(골 4:2-3).

"데살로니가에 있을 때에도 너희가 한번 두번 나의 쓸 것을 보내었도다"(빌 4:16).

그렇게 함으로 전도대원은 겸손하게 되어져서 전도가 스스로의 힘으로 되는 것이 아니고 하나님의 은혜와 능력으로 되는 줄 깨닫게 되며, 모든 교인들은 전도하는 마음으로 묶이게 됩니다.

즉, 전도대원, 협력위원, 봉사위원, 기도위원, 양육위원 등이 서로 조화를 이룸으로 모든 교인이 전도에 동참하게 되며 실질적으로 전도의 효과를 이루게 되는 것입니다.

그래서 2명 이상의 전도대원이 있으면 어떤 교회에서든지 전도 활동하여 하나님의 구원사역을 이룰 수 있습니다.

제11장

능력있는 전도특공대 운영(Ⅱ)

전도대원의 자질을 아주 평범한 것에서부터 훈련시켜 불신자에게 거부감을 갖지 않게 하는 것이 중요합니다. 예를 들어 전도대원의 복장, 전도대원의 목소리, 머리 모양, 화장 방법, 신발 등 그것이 그 지역과 사람에게 잘 조화 되도록 해야만 합니다. 화려하지는 않지만 평범하고 깨끗하고 단정한 모습 을 통해서 그들이 받아들이기 쉽도록 해야 됩니다.

훈련의 과정

교회에서 전도 훈련을 받고 전도를 실시할 때, 여러 가지 훈련을 계획할 수 있습니다.

믿는 훈련

전도대원에게 성경을 통하여 전도에 관한 부분을 집중 훈련 시킵니다.

"저희가 묻되 우리가 어떻게 하여야 하나님의 일을 하오리이까 예수께서 대답하여 가라사대 하나님의 보내신 자를 믿는 것이 하나님의 일이니라 하시니"(요 6:28-29).

"내가 진실로 진실로 너희에게 이르노니 나를 믿는 자는 나의 하 는 일을 저도 할 것이요 또한 이보다 큰 것도 하리니 이는 내가 아버지께로 감이니라”(요 14:12).

기도 훈련

전도대원에게 일정 시간을 정하여 기도하게 하여 전도동력을
유지하게 합니다.

“여자들과 예수의 모친 마리아와 예수의 아우들로 더불어 마음
을 같이하여 전혀 기도에 힘쓰니라”(행 1:14).

“기도를 항상 힘쓰고 기도에 감사함으로 깨어 있으라 또한 우리
를 위하여 기도하되 하나님이 전도할 문을 우리에게 열어 주사
그리스도의 비밀을 말하게 하시기를 구하라 내가 이것을 인하여
매임을 당하였노라”(골 4:2-3).

나가는 훈련

전도대원이 훈련을 받고 실제 현장으로 전도하러 나가는 것
이 중요합니다. 이것을 실천하고 행하게 할 때 주님이 함께하시
는 것을 체험할 수 있습니다.

“제자들이 나가 두루 전파할새 주께서 함께 역사하사 그 따르는
표적으로 말씀을 확실히 증거하시니라”(막 16:20).

보고하는 훈련

전도대원이 전도를 한 후에 다시 돌아와 교회에 보고하는 것이 대단히 중요합니다. 교회는 그 결과를 확인하고 점검함으로 대책을 세우고, 힘을 잃은 대원에게는 용기를 주어야 됩니다. 그리고 그 대원 자신에게는 스스로 성실성도 확인할 수 있는 기회가 됩니다.

전도는 진실성과 성실성이 없으면 되지 않기 때문입니다.

> "칠십 인이 기뻐 돌아와 가로되 주여 주의 이름으로 귀신들도 우리에게 항복하더이다 예수께서 이르시되 사단이 하늘로서 번개같이 떨어지는 것을 내가 보았노라 내가 너희에게 뱀과 전갈을 밟으며 원수의 모든 능력을 제어할 권세를 주었으니 너희를 해할 자가 결단코 없으리라 그러나 귀신들이 너희에게 항복하는 것으로 기뻐하지 말고 너희 이름이 하늘에 기록된 것으로 기뻐하라 하시니라"(눅 10:17-20).

양육하는 훈련

실제 전도를 할 때 새신자를 교회에 한 번 출석시켰다고 교인이 되는 것으로 생각해서는 안 됩니다. 그가 예수를 믿고 영접하여 세례를 받기까지 많은 시간을 들여 돌보고 훈련시키는 과정이 필요합니다.

교회는 이 과정에 정성을 쏟아야 됩니다. 이 과정을 무시하면 전도대원이 힘을 잃게 됩니다. 자기가 전도해 온 새신자가 계속 교회를 나오지 못할 때 가장 실망할 수 있기 때문입니다.

> "그러므로 너희는 가서 모든 족속으로 제자를 삼아 아버지와 아들과 성령의 이름으로 세례를 주고 내가 너희에게 분부한 모든 것을 가르쳐 지키게 하라 볼지어다 내가 세상 끝날까지 너희와 항상 함께 있으리라 하시니라"(마 28:19-20).

운영의 실제방법

전도특공대를 임상적으로 운영하면서 우리는 실제적으로 효과적인 방법을 찾아 보아야 됩니다.

특공대장은 반드시 담임목사가 해야 한다

개척교회나 교인이 적은 교회일 때는 담임 목사가 전도특공대를 시작하고 운영하다가 교회가 조금 부흥되고 커지면 담임 목사는 빠지고 전도특공대를 부교역자가 담당하게 되는 것이 보통입니다. 그러나 그렇게 해서는 성공할 확률이 적습니다. 전도는 언제든지 부분이 아니고 전부이며, 활동이 아니고 목적이 되어야 하기 때문입니다. 대부분의 교회는 전도를 그저 교회의 일부 부서의 활동으로 보기 때문에 실패하게 되는 것입니다.

전도는 성도의 자연적인 삶의 표현임을 주지시켜야 한다

목회자는 물론 평신도에 이르기까지 성도의 삶 자체가 전도라는 사실을 인식해야 됩니다. 그래서 전도는 쉽다는 인식이 교회에 자리잡도록 해야 됩니다.

수시로 전도 간증집회를 열어 교인 상호간에 전도의 힘을 얻도록 해야 한다

타 교인이나 혹은 자기 교인 중에 성공적인 전도 사례를 발표해 줌으로써 자기가 체험해 보지 못한 전도의 체험을 다른 사람을 통하여 체험해 보고, 공유하고, 항상 전도의 동력이 유지되며, 그 의욕이 지속되도록 하는 것이 중요합니다. 특히, 같은 교인 중에서 발표하는 경우가 성공적이고 은혜를 받을 때가 많습니다. 왜냐하면 잘하는 사람보다 자기와 비슷한 사람이 어려움을 극복하고 전도에 성공하는 모습을 통해 오히려 스스로를 극복할 수 있는 힘을 더 얻을 수 있기 때문입니다.

전도의 결과는 발표해 주고 반드시 성의 있는 시상을 해주는 것이 좋다

물론 전도가 하나님이 주관하시고 하나님이 인간을 사용하는 것이지만, 전도하는 것 그 자체는 귀한 것입니다. 그러므로 교인들에게 전도가 귀중하다는 의식을 항상 심어 줄 필요가 있습니다.

그러므로 교회는 전도 결과에 대해서 풍성함을 선물할 수 있어야 되고, 그 결과로 시상을 하는 것이 중요합니다. 전도인이 긍지를 갖도록 하는 것이 매우 중요하다는 것입니다. 그러나 너무 개인 중심으로 사행심을 조장하는 시상은 바람직하지 않습니다. 전도왕을 뽑는다든지 한 사람만을 위한 인기 위주의 시상보다는 팀 위주의 시상이나 전체 전도 시상이 바람직합니다. 전체 시상으로는 여행을 보내주는 등의 방법이 있습니다.

그래서 전도여행을 통하여 전도인끼리 서로 연합하고, 협조하는 기회를 만들어 주어야 합니다.

전도대원의 자질을 계속 훈련시켜 주어야 한다

전도대원의 자질을 아주 평범한 것에서부터 훈련시켜서 불신자에게 거부감을 갖지 않게 하는 것이 중요합니다. 예를 들어 전도대원의 복장, 전도대원의 목소리, 머리 모양, 화장 방법, 신발 등이 그 지역과 사람에게 잘 조화되도록 해야만 합니다. 화려하지는 않지만 평범하고 깨끗하고 단정한 모습을 통해서 그들이 받아들이기 쉽도록 해야 합니다. 그래서 교회는 평상시에도 전도대원들의 삶이 모범이 되도록 훈련해야 됩니다.

전도대원 상호간의 경쟁의식보다는 협력체계가 장기적으로는 더 효과적이다

일반적으로 교회에서 전도대회를 할 때에는 전도대원끼리 상호간 선의의 경쟁을 하는 것이 보편적이지만, 계속 전도를 해 나가는 데 있어서는 경쟁하는 것보다 서로 협력하고 상호보완적인 것이 더 중요하고 효과적입니다.

전도는 인간의 일이 아니라 하나님의 일이기 때문에 너무 경쟁에 집착하다 보면 인본주의에 치우쳐서 부작용이 우려될 경우가 있습니다. 성경에 보면 베드로와 바울이 경쟁하면서도 서로 돕는 아름다운 모습을 볼 수 있습니다.

"우리가 저희와 동일하게 주 예수의 은혜로 구원받는 줄을 믿노라 하니라"(행 15:11).

전도와 함께 양육하는 프로그램을 동시에 실시하여 전도자에게 전도된 자가 성장된 모습을 보여 주어야 한다

전도자는 자기가 전도한 사람이 교회에서 잘 양육된 모습을 볼 때 힘을 얻어서 더 열심히 전도하게 되지만, 자기가 전도한 사람이 양육되지 못하고 도중에 이탈될 때에는 힘을 잃게 됩니다. 따라서 교회는 전도와 함께 양육에도 힘을 써야 합니다.

그래서, 한 사람이 전도되어 등록될 때,
① 협력위원 ② 기도위원 ③ 양육위원 등이 협력하여 양육해야 됩니다.

새신자 신앙발표회를 갖는다

전도되어 예수를 믿고 세례를 받은 자가 자기의 신앙체험을 발표하는 시간을 갖게 하면 많은 사람에게 유익과 도전을 주게 됩니다. 이는 전도대원이나 초신자나 모든 사람에게 감동적인 시간이 됩니다. 영혼 구원이 얼마나 하나님의 관심과 요구 속에서 이루어지는 귀한 일인가를 알게 되기 때문입니다.

제2부 훈 련 편

제 1 장

전도인의 전도동력 이론훈련

- 성령의 권능을 받아야 된다

> 초대교회 제자들의 전도의 동력은 철저히 성령에 의한 것이었습니다. 오늘
> 도 교회 사역자가 도시나 농촌, 어촌 어느 지역에서든지 오직 성령을 목회
> 의 원동력으로 삼는다면 성공적인 목회를 할 수 있을 것입니다.오직 성령만
> 이 목회와 전도의 동력입니다. 그 전도의 동력은 성령의 은사를 목적화해야
> 합니다. 즉 성령의 은사가 영혼구원에 모아질 때 전도의 동력이 임하게 되
> 는 것입니다.

전도동력(EVANGELISM DYNAMIC POWER)

"**오직 성령이 너희에게 임하시면 너희가 권능
을 받고 예루살렘과 온 유대와 사마리아와 땅 끝까지 이르러 내
증인이 되리라**"(행 1:8).

오직 성령 ------------- 권능 ----------- 증인(행 1:8)

HOLLY SPIRIT   POWER   WITNESSES

$\delta\acute{u}\nu\alpha\mu\iota\nu$(뒤나민) $\mu\alpha\rho\tau\upsilon\varsigma$(마르튀스)

성경을 보면 전도학적으로 전도동력에 의하여 전도가 되어진
것은 사도행전에서부터라고 볼 수 있습니다. 따라서 사도행전
1:8을 중심으로 예수님 승천 후에 사도들에 의하여 복음이 전파
된 모습을 연구해 보기로 하겠습니다.

사도행전 1:8은 사도행전 전체의 문을 여는 역할을 하기 때문에 더욱 중요하다고 볼 수 있습니다.

오직 성령(HOLLY SPIRIT)이 임하시면

성경에서 예수님이 제자들을 파송하면서 전도의 동력을 말할 때에 다른 것을 주지 아니하였고, 오직 성령을 그 원동력으로 주셨음을 우리는 알 수 있습니다. 많은 사람들이 목회에 실패하는 이유가 바로 거기 있습니다. 많은 목회자들이 너무 세상 것에 의지하고 목회의 자원을 다른 것에서 찾고 있기 때문에 실패하고 있는 것입니다. 물질이나 학식, 지역적인 것, 사회적인 요소에서 목회의 원동력을 찾고 있기 때문에 사실 목회가 어려운 것입니다. 그러나 주님은 제자들을 파송하면서 다른 것이 아니라 오직 성령에 의한 동력만 주셨던 것입니다.

"예수께서 그 열두 제자를 부르사 더러운 귀신을 쫓아내며 모든 병과 모든 약한 것을 고치는 권능을 주시니라"(마 10:1).

"너희가 거저 받았으니 거저 주어라 너희 전대에 금이나 은이나 동이나 가지지 말고 여행을 위하여 주머니나 두 벌 옷이나 신이나 지팡이를 가지지 말라 이는 일꾼이 저 먹을 것 받는 것이 마땅함이니라"(마 10:8-10).

그래서 제자들에게 성령의 약속이 임할 때까지 예루살렘을 떠나지 말라고 했던 것입니다. 엄격히 말하면 오늘날 목회가 어려운 것은 성령의 약속을 받지 않고 목회를 시작했기 때문입니다.

"사도와 같이 모이사 저희에게 분부하여 가라사대 예루살렘을 떠나지 말고 내게 들은 바 아버지의 약속하신 것을 기다리라"(행 1:4).

"볼지어다 내가 내 아버지의 약속하신 것을 너희에게 보내리니 너희는 위로부터 능력을 입히울 때까지 이 성에 유하라 하시니라"(눅 24:49).

초대교회의 제자들의 전도의 동력은 철저히 성령에 의한 것이었습니다.

오늘도 교회 사역자가 도시나 농촌, 어촌 어느 지역에서든지 오직 성령을 목회의 원동력으로 삼는다면 성공적인 목회를 다 할 수 있을 것입니다.

예수님은 제자들에게 어느 누구를 막론하고 성령의 약속을 받으라고 했지 돈이나 세상 권세, 물질을 의지하라고 말하지 않으셨습니다.

오직 성령만이 목회와 전도의 원동력입니다.

권능(POWER)을 받고

권능은 헬라어로 '뒤나민' 이라는 말을 씁니다. 이것은 우리가 성령을 받을 때 임하는 힘을 말하는데, 다이나마이트가 터지는 것 같은 큰 힘을 말합니다. 우리는 여기서 순수하게 성령이 우리에게 임할 때 뒤나민 같은 힘, 바로 다이나마이트가 터지는 힘이 우리에게 임한다고 믿는 것이 중요합니다.

그러면 다이나마이트가 터질 때 어떤 현상이 벌어질까요?

반드시 주변이 깨어지게 됩니다. 이것은 우리에게 큰 의미와 상징을 부여해 주고 있습니다. 목회를 할 때 여러 가지 방해와 어려움을 만나게 되는데, 그 때 성령이 임하여 권능을 받게 되면 문제가 해결된다는 것입니다.

왜냐하면 우리에게 임하신 성령의 힘은 어떤 방해나 어려움도 극복할 수 있는 다이나마이트 같은 힘이기 때문입니다.

"빌기를 다하매 모인 곳이 진동하더니 무리가 다 성령이 충만하여 담대히 하나님의 말씀을 전하니라"(행 4:31).

우리는 이 말씀의 배경을 자세히 살펴볼 필요가 있습니다.

베드로와 요한이 성전으로 기도하러 가다가 성전 미문 앞에서 앉은뱅이를 하나님의 은혜와 능력으로 고치게 됩니다. 그런데 이 사건으로 온 예루살렘에 큰 소동이 일어나게 됩니다.

그래서 제사장과 서기관, 관원, 장로들 심지어는 헤롯 왕까지 합세하여 사도들을 핍박하였습니다.

> "과연 헤롯과 본디오 빌라도는 이방인과 이스라엘 백성과 합동하여 하나님의 기름부으신 거룩한 종 예수를 거스려 하나님의 권능과 뜻대로 이루려고 예정하신 그것을 행하려고 이 성에 모였나이다"(행 4:27-28).

사도들에게 복음전파의 큰 장애물이 생기게 된 것입니다. 그래서 제자들은 복음을 증거하지 못하고 두려움에 사로잡힐 수밖에 없었습니다. 그리고 빌기를 다하는 일밖에는 아무것도 할 수 없었습니다.

> "주여 이제도 저희의 위협함을 하감하옵시고 또 종들로 하여금 담대히 하나님의 말씀을 전하게 하여 주옵시며 손을 내밀어 병을 낳게 하옵시고 표적과 기사가 거룩한 종 예수의 이름으로 이루어지게 하옵소서 하더라"(행 4:29-30).

그들이 기도할 때 성령의 큰 역사가 일어났습니다. 모인 곳이 진동하는 역사가 일어난 것입니다.

여기서 '모인 곳이 진동했다'고 하는 것은 무슨 의미일까요?

글자 자체가 지닌 뜻은 '거친 파도가 배를 흔들다'입니다. 그 이유가 보통 지진에 의해서인지, 천재지변에 의해서인지 그것은 중요하지 않습니다. 중요한 것은 사도들의 복음전파에 방해물이 무너졌다는 사실입니다.

사도들에게는 성령이 충만했고, 말씀을 담대히 전할 수 있었던 것입니다.

여기서 성령의 권능(뒤나민: δύναμιν)은 사도들의 장애물을 여지없이 파괴하고 복음을 증거하게 했습니다.

또, 우리가 생각해야 할 중요한 사실은 목회의 방해물을 극복하면 극복할수록 성령의 권능(뒤나민: δύναμιν)이 전도자에게 능력으로 나타나게 된다는 것입니다. 그래서 권능을 받을수록 전도자는 그 방해물에 의해 더 이상의 어려움을 받지 않게 됩니다. 오히려 자신이 그 어려움에 합당한 자로 여기심을 받게 된 것을 기뻐하기까지 하는 것입니다.

> "사도들은 그 이름을 위하여 능욕받는 일에 합당한 자로 여기심을 기뻐하면서 공회 앞을 떠나니라 저희가 날마다 성전에 있든지 집에 있든지 예수는 그리스도라 가르치기와 전도하기를 쉬지 아니하니라"(행 5:41-42).

은사에 의한 권능

성령에 의한 권능이 어떻게 우리에게 오는 것일까요?

보통 성령의 은사와 성령의 열매로 온다고 말합니다. 그러나 일반적으로 생각해 보면 권능은 성령의 은사로 우리에게 임하게 됩니다. 우리는 여기서 은사와 은혜를 구분할 필요가 있습니다. 은혜(카리스: $\kappa\alpha\rho\iota\varsigma$)와 은사(카리스마: $\kappa\alpha\rho\iota\sigma\mu\alpha$)는 같은 어원을 지니고 있지만, 서로 약간 다른 뜻을 가지고 있습니다. '카리스'는 '선물'(Grace)이라는 뜻입니다. 여기서 은혜는 하나님이 우리 인간을 창조하실 때의 무한한 사랑을 의미합니다. 우리가 그 사랑을 받고 체험할 때 은혜를 받았다고 말하게 됩니다.

반면에 은사는 그 은혜를 우리에게 전해 주는 사역 및 과정, 도구의 역할을 하게 됩니다. 예를 들어서 목회자는 말씀을 전하는 은사를 받음으로 자신이 은혜를 받게 되고, 또 남에게 그 말씀의 은사를 통하여 은혜를 줄 수 있는 것입니다.

만일, 어떤 사람이 고아원이나 양로원에서 어린아이나 노인을 잘 돌볼 수 있다면 이것은 그 사람들에게만 주어진 은사일 것입니다. 고아원이나 양로원에서 어린아이와 노인을 잘 돌보는 일은 아무나 할 수 있는 일이 아니기 때문입니다. 은사를 통하여 노인들과 어린아이는 하나님의 은혜를 체험하게 될 것입니다. 또 봉사하는 사람들 자신도 은사를 통하여 하나님의 사랑을 확신할 수 있게 됩니다.

결국 은사는 은혜를 다양하게 전해 주는 좋은 수단과 활로가 되기 때문에 다양한 은사를 개발하고 소유하는 것이 중요합니다.

그러나, 은사에 대한 인식이나 훈련이 잘못되어 있거나 은사가 약하여 교회가 다양한 은혜를 소유할 수 없기 때문에 교인들이 성장하지 못하고 성숙하지 못할 때가 많습니다.

여기서 중요한 것은 성령의 힘의 근원은 언제든지 사랑, 즉 은혜에 있다는 것입니다. 그래서 성령에 의한 어떤 권능의 역사도, 기적의 역사도 하나님의 은혜와 사랑이 없다면 그것은 잘못된 것입니다.

권능(뒤나민)도 하나님의 은혜로 이루어진 것이기 때문에 은사에 의하여 주어진다고 볼 수 있습니다.

은사의 목적은 영혼구원이다

여기서 아주 중요한 점을 살펴보아야 됩니다.

그것은 성령의 은사는 목적이 있으며 그 목적은 영혼 구원이라는 것입니다. 왜냐하면 은사에 의해서 주어진 권능으로 결국은 하나님의 증인이 되기 때문입니다.

> "오직 성령이 너희에게 임하시면 너희가 권능을 받고 예루살렘과 온 유대와 사마리아와 땅 끝까지 이르러 내 증인이 되리라 하시니라"(행 1:8).

여기서 증인이 된다고 하는 것은 무엇일까요?

우리를 하나님의 증인으로 삼으신 데에는 여러 가지 이유가 있겠지만, 결국은 하나님께서 택하신 영혼을 구원하기 위한 것

이 가장 중요한 목적입니다. 그러므로 우리의 은사는 모두 영혼
구원으로 묶여져야 합니다.

보통 성경에서 은사를 9가지 혹은 27가지 또는 그 이상으로
구별한다고들 합니다. 그러나 그것은 중요한 것이 아닙니다. 그
것이 어떤 목적을 갖고 있는가가 중요합니다. 만약에 은사가 영
혼구원이라는 목적으로 묶여지지 않는다면 은사 가진 자는 그것
때문에 어려워집니다. 보통의 경우에는 은사를 받는 것을 좋아
하지만 그 은사를 받은 자가 영혼구원을 위해서 사용하지 않는
경우 자칫하면 사탄의 궤계를 받아 교만에 빠지게 됩니다. 그 때
큰 시험을 받게 되고 교회나 본인이 불행해질 위험이 있는 것입
니다.

그러나 그가 그 은사를 영혼구원을 위해서 사용한다면 하나
님의 큰 복을 받게 될 것입니다. 목회자가 은사를 받았지만, 그
은사를 영혼구원으로 연결시켜 주지 못해서 본인이나 교회에 문
제를 일으키는 경우가 종종 있습니다.

방언의 은사를 생각해 봅시다. 방언의 은사는 우리 신앙생활
에 많은 도움을 줍니다. 그러면 방언의 은사가 어떤 유익함을 주
는지 살펴보겠습니다.

첫 번째, 영으로 기도하게 됩니다.

"방언을 말하는 자는 사람에게 하지 아니하고 하나님께 하나니 이

는 알아듣는 자가 없고 그 영으로 비밀을 말함이니라"(고전 14:2).

두 번째, 오랫동안 기도할 수 있습니다.

"내가 너희 모든 사람보다 방언을 더 말하므로 하나님께 감사하노라"(고전 14:18).

세 번째, 방언으로 기도할 때 자신에게나 다른 사람에게 영적인 힘을 줄 수 있습니다.

실제 이것 이상으로 방언기도가 우리에게 영적인 유익을 주지만, 방언 은사의 목적도 영혼구원이라는 사실을 알아야 합니다. 목회를 하다 보면 가끔 방언기도를 많이 하고 소위 신령하다고 하는 성도 중에서 실제 생활에 모범이 못 되는 성도를 만날 때가 있습니다. 그러나 이런 사람들도 바르게 인도하여 은사의 목적이 무엇인지 바로 알게 하면 그 생활이 고쳐지는 경우가 많습니다.

예를 들어, 그 사람이 자주 하는 방언기도를 영적인 목적에 두지 않고 오직 영혼구원에 목적이 있음을 깨우쳐 주고 그 쪽으로 계속 기도하게 한다면 그 성도는 놀랍게 변화되며 전도인으로 바뀌어지는 체험을 하게 될 것입니다.

또, 신유 은사의 경우도 마찬가지입니다.

신유 은사도 병을 고쳐줌으로 육체의 고통에서 해방시켜 주는 큰 유익이 있지만 그것도 엄격히 따져 보면 그 목적이 병 고치는 것 자체에 한정되지 않는다는 사실을 알 수 있습니다.

즉, 육체의 병을 고쳐주는 것도 중요하지만, 영혼의 질병인 죄에서 해방시켜 주는 전도, 영혼구원까지 나가는 것이 신유은사의 참 목적이 되는 것입니다.

그래서 예수님도 병을 고쳐 주고 반드시 영혼에 관심을 표시하신 것입니다.

> "예수께서 가라사대 일어나 네 자리를 들고 걸어가라 하시니 그 사람이 곧 나아서 자리를 들고 걸어가니라"(요 5:8-9).

> "그 후에 예수께서 성전에서 그 사람을 만나 이르시되 보라 네가 나았으니 더 심한 것이 생기지 않게 다시는 죄를 범치 말라 하시니"(요 5:14).

실제의 경우, 유감스럽게도 신유의 은사에 의하여 병을 고침 받고도 교회에 나오지 않는 경우가 종종 있는 것을 우리는 목회 현장에서 보게 됩니다. 이것은 모두 은사 활용에서 실패했기 때문입니다.

은사가 영혼구원으로 모아질 때 전도동력이 일어난다

우리는 성령의 은사에는 목적이 있다는 것과 성령의 은사가 권능(뒤나민)을 임하게 한다는 것을 깨닫게 되었습니다.

그러므로 우리는 중요한 결론을 내릴 수 있습니다. 성령에 의한 모든 은사를 전도로, 즉 영혼구원으로 묶어줄 때 큰 힘이 폭발적으로 나타나게 되는데 그것을 우리는 전도동력(Evangelism Dynamic Power)이라고 합니다.

사실 주님은 제자들에게 이것을 주어서 세상으로 보내신 것입니다.

"예수께서 그 열 두 제자를 부르사 더러운 귀신을 쫓아내며 모든 병과 모든 약한 것을 고치는 권능($\dot{\epsilon}\xi o v \sigma \acute{\iota} \alpha v$)을 주시니라"(마 10:1).

"병든 자를 고치며 죽은 자를 살리며 문둥이를 깨끗하게 하며 귀신을 쫓아내되 너희가 거저 받았으니 거저 주어라"(마 10:8).

"볼지어다 내가 내 아버지의 약속하신 것을 너희에게 보내리니 너희는 위로부터 능력($\delta \acute{\nu} \nu \alpha \mu \iota \nu$)을 입히울 때까지 이 성에 유하라 하시니라"(눅 24:49).

여기서 마태복음 10:1의 권능이라는 말은 영어로 'AUTHO-

RITY(권위,권한)’이고, 헬라어로는 엑수시안(ἐξουσίαν)인데 뒤 나민(δύναμιν)처럼 ‘힘’을 나타냅니다.

증인(Witnesses)이 되리라

‘증인’이란 말은 헬라어로 ‘마르튀스’(μαρτυς)인데 이는 법 정용어로 누구의 편을 들어주는 것을 나타냅니다. 그러나 사실 은 주님께서는 우리가 단지 주님편을 들어주는 데 그치는 자가 되는 것을 원하지 않으십니다. 우리가 직접 주님을 나타내기를 원하십니다. 주님은 지금 이 세상에 영으로는 역사하시지만 몸 은 하나님 우편에 계시므로 우리가 그를 나타내기를 원하시는 것입니다.

> “주 예수께서 말씀을 마치신 후에 하늘로 올리우사 하나님 우편
> 에 앉으시니라”(막 16:19).

성도는 주님의 영을 받았으므로 주님의 시청각 교재가 되어 서 이 세상에 주님을 나타내어야 합니다. 막연하게 말이나 논리 로써 예수님을 말하거나 증거하는 것이 아니라 주님을 자신의 삶 속에서 나타내는 것이 증인인 것입니다.

> “예수는 그 몸을 저희에게 의탁지 아니하셨으니 이는 친히 모든
> 사람을 아심이요 또 친히 사람의 속에 있는 것을 아시므로 사람

에 대하여 아무의 증거도 받으실 필요가 없음이니라"(요 2:24-
25).

선생님이 학생에게 글에서 읽은 호랑이, 그림에서 본 호랑이,
동물원에서 본 호랑이, 산에서 직접 만난 호랑이를 설명한다면
그 중에서 어떤 호랑이를 가장 분명하고도 실제적으로 설명할
수 있겠습니까? 아마도 산에서 만난 호랑이를 가장 실제적으로
설명할 수 있을 것입니다.

마찬가지로 우리도 우리 삶 속에서 만나고 체험한 주님을 증
거할 때 또 다른 사람도 나를 통하여 주님을 만나게 될 것입니
다.

이를 증인의 삶이라고 합니다. 그리고 이 때만이 영혼구원을
할 수 있습니다. 이것은 전도동력이 임할 때만 가능합니다.

제2장

전도인의 믿음훈련

- 변화 받은 믿음이 전도자를 만든다

믿는 훈련은 예수님의 말씀을 믿고 하나님의 생명을 얻어 천국사람으로 확신을 갖고 이 세상에서 살아가게 하는 것입니다. 하나님 나라 사람만이 이 세상 사람을 구원할 수 있습니다. 이것이 전도의 중요한 열쇠입니다. 믿음을 통하여 천국생명을 소유한 자에게만 세상사람을 전도할 능력이 임하게 됩니다.

전도대원이 실제로 전도를 할 때 그 사람이 갖고 있는 믿음이 중요합니다. 그렇기 때문에 그 믿음을 성서적으로 훈련시킬 필요가 있습니다.

"저희가 묻되 우리가 어떻게 하여야 하나님의 일을 하오리이까 예수께서 대답하여 가라사대 하나님의 보내신 자를 믿는 것이 하나님의 일이니라 하시니"(요 6:28-29).

위 말씀에서 '믿는 것'을 '하나님의 일'이라고 말할 때 '믿는 것'은 구원받는 것을 말하는 것이 아닙니다. 구원받은 자가 어떻게 하면 말씀에 의하여 능력있게 세상을 이기며 생명을 구원할 수 있는가 하는 것입니다. 즉 믿는 훈련은 예수님의 말씀을 믿고 하나님의 생명을 얻어 천국사람으로 확신을 갖고 이 세상에서 살아가게 하는 것입니다. 하나님 나라 사람만이 이 세상 사람을 구원할 수 있기 때문입니다. 이것이 전도의 중요한 열쇠입니다.

"오직 이것을 기록함은 너희로 예수께서 하나님의 아들 그리스도이심을 믿게 하려 함이요 또 너희로 믿고 그 이름을 힘입어 생명을 얻게 하려 함이니라"(요 20:31).

기독교에서는 무엇을 하라, 하지 말라가 중요한 것이 아닙니다. 복음을 믿고 받아들여 생명을 얻는 것이 더 중요합니다. 그래서 새 생명으로 거듭나 그 생명의 힘으로 하나님의 계명을 지키게 되는 것입니다. 복음을 받아들여서 새 생명으로 바뀌어지는 것이 무엇보다도 중요하며 이것은 전도로 가능합니다.

그러면 우리가 복음 전파에 의하여 생명이 달라졌을 때 어떤 변화와 축복이 오는가를 생각해 보겠습니다.

전도자의 신분변화

복음에 의하여 생명이 바뀌면 우리는 제일 먼저 우리의 신분이 달라졌음을 확신해야 합니다. 이것은 예수님께서 이 세상에 오셔서 이루신 공생애 사역에 잘 나타나 있습니다.

성령을 받으시고(마 3:16)

예수님 ──────────────────→ 예수님의 공생애 시작

요단강 세례

주님의 부르심(마 4:19)

자연인 ————————————————→ 성도(제자) (사생활 → 공생활)
　　　　　"나를 따라오너라"

예수님은 요단강에서 세례를 받기 전에도 변함없이 하나님의 아들이었지만, 예수님이 공적으로 전도를 했다는 기록은 성경에 없습니다. 그러나 요단강에서 세례를 받고 성령이 비둘기같이 임하고 난 후에 예수님의 사역은 전혀 다른 공적 사역으로 바뀌게 됩니다.

> "예수께서 세례를 받으시고 곧 물에서 올라오실새 하늘이 열리고 하나님의 성령이 비둘기같이 내려 자기 위에 임하심을 보시더니 하늘로서 소리가 있어 말씀하시되 이는 내 사랑하는 아들이요 내 기뻐하는 자라 하시니라"(마 3:16-17).

> "이 때부터 예수께서 비로소 전파하여 가라사대 회개하라 천국이 가까왔느니라 하시더라"(마 4:17).

여기서 주님은 요단강에서의 세례 후 전혀 다른 신분을 우리에게 보여 주고 있습니다. 즉 인류 구원의 완성을 세례 후 성령이 임한 단 3년만에 이루시게 되는 것입니다. 이것을 가리켜 우리는 일명 '주님의 공생애'라고 말하는데 이 때 주님의 모든 관계와 신분이 달라진 것을 성경에서 볼 수 있습니다.

"대답하시되 누가 내 모친이며 동생들이냐 하시고 둘러앉은 자들을 둘러보시며 가라사대 내 모친과 내 동생들을 보라 누구든지 하나님의 뜻대로 하는 자는 내 형제요 자매요 모친이니라"(막 3:33-35).

이 말씀을 통해 우리는 주님의 모든 관계가 자기 중심에서 하나님 중심으로 바뀌어진 것을 알 수 있습니다. 이것은 우리도 구원을 받고 하나님의 생명을 받으면 신분이 달라진다는 것을 나타내 주고 있는 것입니다.

이것은 또 우리에게 큰 상징과 계시의 의미를 준다고 볼 수 있습니다. 우리도 주님의 부르심을 받아 구원을 받게 되면 자연인에서 성도가 됩니다. 그 때, 우리의 생활도 사생활에서 공생활로 바뀌어야 됩니다.

"그러므로 이제부터 너희가 외인도 아니요 손도 아니요 오직 성도들과 동일한 시민이요 하나님의 권속이라"(엡 2:19).

"내가 온 것은 사람이 그 아비와, 딸이 어미와, 며느리가 시어미와 불화하게 하려 함이니 사람의 원수가 자기 집안 식구리라 아비나 어미를 나보다 더 사랑하는 자는 내게 합당치 아니하고 아들이나 딸을 나보다 더 사랑하는 자도 내게 합당치 아니하고 또 자기 십자가를 지고 나를 좇지 않는 자도 내게 합당치 아니하니라"(마 10:35-38).

우리가 하나님의 생명을 받으면 자기 중심에서 하나님 중심으로 바뀌게 되고 그 때 참 자유와 전도할 수 있는 능력이 생기게 되는 것입니다.

전도자의 가치변화

전도자가 되려면 우선 주님의 생명을 받고 그 삶 속에서 가치관의 변화를 체험해야 합니다.

> "새 사람을 입었으니 이는 자기를 창조하신 자의 형상을 좇아 지식에까지 새롭게 하심을 받는 자니라"(골 3:10).

예수님께서 베드로를 전도자로 삼으실 때에도 이렇게 말씀하셨습니다.

> "말씀하시되 나를 따라오너라 내가 너희로 사람을 낚는 어부가 되게 하리라 하시니"(마 4:19).

성도 ──────→ 고기 낚는 어부 ──────→ 사람 낚는 어부

　　　　　　　　물질(수단)　　　　　　　　영혼(목적)

이 말씀을 통해 우리는 예수님께서 우선 베드로의 가치관을 바꾸어 주시는 것을 볼 수 있습니다. 베드로에 있어서 주님을 만나기 전에는 오직 고기 낚는 것(물질)이 삶의 목적이었지만, 주님을 만난 후에는 고기 낚는 것은 그에게는 수단이었고, 사람 낚는 것(영혼 구원)이 목적으로 바뀐 것이었습니다.

그는 가치관이 달라진 것입니다. 그 때부터 그는 천국 사람이 되었고 세상을 움직일 수 있는 사람이 되었고 성공적인 전도자가 될 수 있었습니다.

바울 또한 같은 체험과 같은 가치관을 소유하고 있었기에 능력 있는 전도자의 삶을 살 수 있었습니다.

"그러나 무엇이든지 내게 유익하던 것을 내가 그리스도를 위하여 다 해로 여길 뿐더러 또한 모든 것을 해로 여김은 내 주 그리스도 예수를 아는 지식이 가장 고상함을 인함이라 내가 그를 위하여 모든 것을 잃어버리고 배설물로 여김은 그리스도를 얻고 그 안에서 발견되려 함이니"(빌 3:7-9).

우리에게 주신 놀라운 은혜는 영혼이 귀중하다는 것을 발견하는 사람에게 이 세상을 지배할 수 있는 힘을 하나님이 주신다는 사실입니다.

전도자의 축복의 변화

전도자는 구원받은 천국 사람이기 때문에, 이 세상을 살지만, 자기의 축복, 자기의 재산에 대한 가치관의 변화가 와야 됩니다. 그것에 대한 확신이 없으면 세상 사람을 구원할 수 없습니다. 주님께서도 제자들을 세상으로 보낼 때에 물질을 무기로 주어 보낸 적이 없습니다.

"너희 전대에 금이나 은이나 동이나 가지지 말고 여행을 위하여 주머니나 두 벌 옷이나 신이나 지팡이를 가지지 말라 이는 일꾼이 저 먹을 것 받는 것이 마땅함이니라"(마 10:9-10).

"병든 자를 고치며 죽은 자를 살리며 문둥이를 깨끗하게 하며 귀신을 쫓아내되 너희가 거저 받았으니 거저 주어라"(마 10:8).

전도자는 눈에 보이는 것이 재산이 아니고 하나님이 주신 것이 재산임을 알아야 합니다. 축복의 근원은 하나님 자신입니다. 눈에 보이는 것은 하나님이 주시는 축복의 상징과 그림자나 분복에 지나지 않습니다. 그래서 전도자는 항상 하나님에 의하여 살아가는 방법을 체득해야만 합니다.

"베드로가 가로되 은과 금은 내게 없거니와 내게 있는 것으로 네게 주노니 곧 나사렛 예수 그리스도의 이름으로 걸으라 하고 오른손을 잡아 일으키니 발과 발목이 곧 힘을 얻고 뛰어 서서 걸으며 그들과 함께 성전으로 들어가면서 걷기도 하고 뛰기도 하며 하나님을 찬미하니"(행 3:6-8).

전도자는 진정한 축복이 하나님으로부터 온다는 사실을 깨닫게 되면서부터 세상의 물질적인 풍성함을 누릴 수 있음을 알게 될 것입니다.

"나의 하나님이 그리스도 예수 안에서 영광 가운데 그 풍성한 대로 너희 모든 쓸 것을 채우시리라"(빌 4:19).

전도자의 무기변화

하나님의 사람들은 세상 사람과 다른, 세상이 알지 못하는 무기를 갖고 있어야 됩니다. 그래야 세상 사람들과 싸워서 승리할 수 있습니다. 이러한 사실은 다윗과 골리앗의 싸움을 통해 잘 알 수 있습니다.

"다윗이 블레셋 사람에게 이르되 너는 칼과 창과 단창으로 내게 오거니와 나는 만군의 여호와의 이름 곧 네가 모욕하는 이스라엘 군대의 하나님의 이름으로 네게 가노라"(삼상 17:45).

"손을 주머니에 넣어 돌을 취하여 물매로 던져 블레셋 사람의 이마를 치매 돌이 그 이마에 박히니 땅에 엎드러지니라"(삼상 17:49).

다윗과 골리앗의 싸움에서 분명 다윗은 세상이 알지 못하는 다른 무기를 가지고 있었습니다. 그래서 작은 물매를 그것도 다섯 개 중 한 개만 던졌는데 골리앗을 이길 수 있었던 것입니다.

이 싸움은 성도와 세상의 싸움을 비유한다고 볼 수 있습니다. 언뜻 보면 성도는 세상을 이길 수 없는 것처럼 보이지만 세상이 알지 못하는 하나님의 무기를 갖고 있기 때문에 세상을 이길 수 있는 것입니다. 그래서 성도, 즉 전도자는 하나님의 무기로 무장해야 합니다. 그것을 성경에서는 하나님의 전신갑주를 입으라고 표현했습니다.

"마귀의 궤계를 능히 대적하기 위하여 하나님의 전신갑주를 입으라"(엡 6:11).

하나님의 전신갑주인 진리의 허리띠, 의의 흉배, 평안의 복음의 신, 믿음의 방패, 구원의 투구, 성령의 검 곧 하나님의 말씀에 대해 간단히 해석해 봅시다.

진리의 허리띠

'진리의 허리띠'란 말씀을 분명히 이해하는 것을 뜻합니다.

이것은 모든 장비를 무장할 때 차는 허리띠에 비유되는 것입니다. 허리띠가 없으면 장비를 무장할 수 없듯이 전도자는 말씀의 이해가 없으면 무장할 수 없습니다.

의의 흉배

흉배는 인간에게 가장 중요한 가슴을 보호하는 것으로서, 전도자는 예수 그리스도의 의를 덧입을 때 가장 중요한 부분을 보호받는다는 뜻입니다. 전도자는 예수 공로에 의하여 구원받았기 때문에 항상 겸손해야 됩니다.

평안의 복음의 신

이는 복음의 말씀을 신을 신고 다니듯이 성실히 선포해야 하는 것을 나타냅니다. 복음은 전달되지 않으면 의미를 상실하게 됩니다. 복음이 전달될 때만 모든 이에게 평안이 임하게 되고 전도자에게나 전도를 받은 자에게나 같이 평안의 복이 오게 됩니다.

믿음의 방패

방패는 몸을 감싸서 보호해 주는 무기로서, 예수님의 보혈을 나타내 줍니다. 전도자는 전도할 때 늘 주님의 보혈을 의지하고 나아가야 합니다. 그래야만 세상과 사탄으로부터 보호받을 수 있고 승리할 수 있습니다.

구원의 투구

투구는 가장 중요한 머리를 보호하는 무기로서, 성도에게 있어서는 구원의 소망을 말합니다. 우리가 천국의 확신과 구원의 소망이 없다면 신앙은 대단히 무기력해지는 것입니다. 그러므로 구원의 확신을 가져야 되며, 그렇게 할 때 승리할 수 있게 됩니다.

성령의 검

검은 공격무기로서 하나님 말씀을 나타냅니다. 성령께서 역사하실 때 반드시 말씀과 함께 역사하신다는 것을 알 수 있습니다. 전도자는 어떤 경우에도 성령과 함께해야 되지만 그 성령의 검은 말씀이라는 사실을 명심해야 됩니다.

전도자의 무기인 전신갑주 중에서 성령의 검인 하나님 말씀은 매우 중요합니다. 결국 전도는 최종적으로 하나님 말씀에 의해서 이루어지기 때문입니다.

"너는 말씀을 전파하라 때를 얻든지 못 얻든지 항상 힘쓰라 범사에 오래 참음과 가르침으로 경책하며 경계하며 권하라"(딤후 4:2).

우리는 전도할 때 우리 자신의 삶이나 행위보다 하나님 말씀 자체에 더 능력이 있고, 길이 있다는 것을 확신해야 됩니다. 잘못 생각하면 우리 행위가 약할 때 우리 자신이 올무가 되어 전도에 담력을 잃고 전도하지 못할 때가 있습니다. 이것은 마귀의 참소일 수도 있습니다. 이럴 경우 우리는 부족하더라도 오히려 말씀에 의지하여 나아가서 말씀을 증거해야 하며, 그 때 더 큰 역사가 일어날 수 있는 것입니다.

실제의 경우, 전도가 이루어질 때에 전도자 개인의 행위나 삶의 결과에 따라 전도된다기보다는 그가 전하는 하나님의 말씀에 의하여 전도되는 경우가 훨씬 더 많기 때문입니다.

예를 들어 베드로가 마가의 다락방에서 성령받고 나아가서 하루에 삼천 명의 제자를 만든 전도의 사건은 참으로 놀랍습니다.

"그 말을 받는 사람들은 세례를 받으매 이 날에 제자의 수가 삼천이나 더하더라"(행 2:41).

그런데 이 전도의 사건을 살펴보면, 이 사람들이 베드로의 개인적인 삶이나 행위를 보고 주님을 영접했다기보다는 베드로를 통한 하나님의 말씀을 듣고 주님을 영접했다는 사실을 알 수 있습니다. 그러므로 전도자는 항상 말씀 자체에 능력이 있음을 인정해야 하며, 그것이 전도자의 신앙자세입니다.

"하나님의 말씀은 살았고 운동력이 있어 좌우에 날선 어떤 검보다도 예리하여 혼과 영과 및 관절과 골수를 찔러 쪼개기까지 하며 또 마음의 생각과 뜻을 감찰하나니"(히 4:12).

"나 여호와가 말하노라 내 말이 불같지 아니하냐 반석을 쳐서 부
스러뜨리는 방망이 같지 아니하냐"(렘 23:29).

그래서 전도자에게 주어진 하나님의 말씀은 전도자의 가장
큰 무기입니다(눅 24:32, 렘 20:9, 렘 15:16, 행 19:20, 눅
1:37).

전도자의 소망의 변화

전도자는 이 땅에 살지만 주님과 십자가에서 죽음을 체험한
자입니다. 그런 사람만 전도가 가능하기 때문입니다. 세상에 미
련이 있는 사람은 전도를 할 수 없습니다.

"그러므로 우리가 그의 죽으심과 합하여 세례를 받음으로 그와
함께 장사되었나니 이는 아버지의 영광으로 말미암아 그리스도
를 죽은 자 가운데서 살리심과 같이 우리로 또한 새 생명 가운데
서 행하게 하려 함이니라"(롬 6:4).

그러므로 전도자는 썩어짐의 종노릇에서 해방된 자입니다.

"그 바라는 것은 피조물도 썩어짐의 종 노릇 한 데서 해방되어
하나님의 자녀들의 영광의 자유에 이르는 것이니라"(롬 8:21).

따라서, 전도자는 이 땅에 살지만 이 세상에 소망을 두지 않습니다. 오직 영원한 나라인 천국 곧 그리스도에게만 소망을 둡니다.

"나의 간절한 기대와 소망을 따라 아무 일에든지 부끄럽지 아니하고 오직 전과 같이 이제도 온전히 담대하여 살든지 죽든지 내 몸에서 그리스도가 존귀히 되게 하려 하나니 이는 내게 사는 것이 그리스도니 죽는 것도 유익함이니라"(빌 1:20-21).

전도자는 소망이 변한 자입니다. 보이는 것이 아니라 보이지 않는 것에, 세상이 아니라 천국에, 여기가 아니라 영원한 나라에 소망을 둔 자이고, 그것에 체험과 비밀을 가진 자입니다.

"그러므로 우리가 낙심하지 아니하노니 겉사람은 후패하나 우리의 속은 날로 새롭도다"(고후 4:16).

"우리의 돌아보는 것은 보이는 것이 아니요 보이지 않는 것이니 보이는 것은 잠간이요 보이지 않는 것은 영원함이니라"(고후 4:18).

"하나님이 그들로 하여금 이 비밀의 영광이 이방인 가운데 어떻게 풍성한 것을 알게 하려 하심이라 이 비밀은 너희 안에 계신 그리스도시니 곧 영광의 소망이니라"(골 1:27).

전도의 다이나믹 파워

이것을 아는 자는 복된 자이며, 이것을 아는 자만이 전도자가
될 수 있습니다.

제 3 장

전도인의 기도훈련(Ⅰ)

- 기도, 이렇게 배우라

기도의 목적은 하나님의 임재와 교제에 있습니다. 기도를 통해 무엇을 하나님으로부터 얻는 것이 아니라, 하나님과의 관계성에 더 큰 목적을 두는 것입니다. 그러므로 기도에 있어서 가장 중요한 것은 연속성입니다. 그래서 성경은 쉬지 말고 기도하라고 했습니다. 심지어 기도를 쉬는 것을 죄라고도 말했습니다.

전도에 있어서 기도는 대단히 중요합니다. 전도인의 기도와 전도동력은 항상 비례하기 때문입니다. 그러므로 전도인은 기도에 대해서 잘 알아야 됩니다. 그리고 항상 기도해야만 되고, 배워야 됩니다.

"모든 기도와 간구로 하되 무시로 성령 안에서 기도하고 이를 위하여 깨어 구하기를 항상 힘쓰며 여러 성도를 위하여 구하고 또 나를 위하여 구할 것은 내게 말씀을 주사 나로 입을 벌려 복음의 비밀을 담대히 알리게 하옵소서 할 것이니 이 일을 위하여 내가 쇠사슬에 매인 사신이 된 것은 나로 이 일에 당연히 할 말을 담대히 하게 하려 하심이니라"(엡 6:18-20).

"예수께서 한 곳에서 기도하시고 마치시매 제자 중 하나가 여짜오되 주여 요한이 자기 제자들에게 기도를 가르친 것과 같이 우리에게도 가르쳐 주옵소서"(눅 11:1).

이제 기도에 대하여 우리가 쉽게 간과할 수 있는 일반적 이론들에 대하여 생각해 보기로 하겠습니다.

기도를 시작할 때는 원하는 것을 무엇이든지 구해야 한다

"너희가 내 이름으로 무엇을 구하든지 내가 시행하리니 이는 아버지로 하여금 아들을 인하여 영광을 얻으시게 하려 함이라 내 이름으로 무엇이든지 내게 구하면 내가 시행하리라"(요 14:13-14).

"너희가 얻지 못함은 구하지 아니함이요"(약 4:2).

많은 사람들이 기도를 할 때, 하나님의 뜻대로 기도해야 응답받는다고 말합니다. 그 말은 맞는 말입니다. 그러나 실제 기도생활에 있어서 처음 기도를 시작할 때 우리가 하나님의 뜻을 정확하게 구별할 수는 없는 것입니다. 그렇기 때문에 처음부터 하나님 뜻대로 기도해야 된다는 것은 오히려 기도를 방해할 수 있습니다. 그리고 역설적인 말이지만, 하나님 뜻대로 기도하라는 사람들 중에는 오히려 자기가 하나님의 뜻을 잘 알고 있는 것으로 착각하여 기도를 하지 않고 있는 경우가 많이 있습니다. 실상은 그 사람들이 하나님의 뜻과 더 멀어지는 결과를 가져오게 되는 것입니다.

그렇기 때문에 차라리 우리가 어려운 일이나 환난 속에서 마음에 간절히 원하는 것이나 부담을 느끼는 것이 있을 때 그 문제를 가지고 기도를 하는 것이 더 하나님 뜻을 찾기 쉽습니다. 왜냐하면 우리 속에 역사하시는 분은 성령님이므로 그 성령께서 하나님의 뜻을 분별하여 찾게 해 주시기 때문입니다.

> "이와 같이 성령도 우리 연약함을 도우시나니 우리가 마땅히 빌 바를 알지 못하나 오직 성령이 말할 수 없는 탄식으로 우리를 위하여 친히 간구하시느니라 마음을 감찰하시는 이가 성령의 생각을 아시나니 이는 성령이 하나님의 뜻대로 성도를 위하여 간구하심이니라"(롬 8:26-27).

> "너희 안에서 행하시는 이는 하나님이시니 자기의 기쁘신 뜻을 위하여 너희로 소원을 두고 행하게 하시나니"(빌 2:13).

따라서 하나님은 우리가 기도를 통하여 문제를 해결하는 것도 중요하게 여기시지만, 하나님과 중단없는 기도를 통하여 교제하는 것을 더 원하고 계십니다.

기도의 종류를 아는 것이 중요하다

"그러므로 내가 첫째로 권하노니 모든 사람을 위하여 간구와 기
도와 도고와 감사를 하되"(딤전 2:1).

여기서 기도는 감사, 도고, 기도, 간구 이렇게 네 가지로 분류
됩니다. 이것을 자세히 생각해 보겠습니다.

감사

우리는 감사하는 기도를 할 수 있어야 합니다. 이것이 기도
응답의 아주 중요한 열쇠입니다. 많은 기도를 하지만 우리는 우
리가 구할 것에 시간을 보내지 이미 우리에게 하나님께서 베푸
신 은혜는 잊어버릴 때가 많습니다. 우리는 이것이 기도를 막고
있다는 것을 알아야 됩니다.

"감사함으로 그 문에 들어가며 찬송함으로 그 궁정에 들어가서
그에게 감사하며 그 이름을 송축할지어다"(시 100:4).

"하나님을 잊어버린 너희여 이제 이를 생각하라 그렇지 않으면
내가 너희를 찢으리니 건질 자 없으리라 감사로 제사를 드리는
자가 나를 영화롭게 하나니 그 행위를 옳게 하는 자에게 내가 하
나님의 구원을 보이리라"(시 50:22-23).

전도의 다이나믹 파워

감사하는 것이 하나님의 문을 여는 것이라고 시편기자는 노래하고 있습니다. 그러므로 감사하지 않는다면 우리에게 하나님의 문은 닫혀 있을 것입니다. 무엇보다도 기도하기 전에 하늘문을 여는 것이 중요한데, 그것은 감사를 회복하는 것입니다. 그래서 바울 사도는 범사에 감사하라고 우리에게 교훈하고 있습니다.

<u>도고</u>

도고는 일반적으로 중보기도라고 해석하고 있습니다. 우리의 기도 중에서 약한 부분이 중보기도입니다. 기도를 할 때 우리의 약점은 우리 중심으로 우리 스스로의 문제밖에는 보지 못한다는 데 있습니다. 그렇기 때문에 그 응답도 늦을 뿐더러 해결도 어려울 때가 있는 것입니다. 중보기도는 나 이외에 다른 사람, 이웃, 사회, 교회, 국가, 민족, 다른 나라, 더 나아가서 인류를 위해서 하나님께 구하는 것을 말하는 것입니다.

조금만 더 깊이 생각해 본다면, 전체를 떠나서는 우리 개인이 존재할 수 없다는 것을 알 수 있을텐데 우리는 전체에 대해서는 너무 무관심합니다. 그러한 무관심이 오히려 개인의 문제를 그르치게 되는 것입니다. 그래서, 이웃이나 사회나 국가를 위하는 것이 곧 나 개인을 위하는 것이라는 생각으로 중보기도를 열심히 해야 됩니다. 이것이 결국은 나를 위한 기도입니다.

"임금들과 높은 지위에 있는 모든 사람을 위하여 하라 이는 우리
가 모든 경건과 단정한 중에 고요하고 평안한 생활을 하려 함이
니라"(딤전 2:2).

"나의 형제 곧 골육의 친척을 위하여 내 자신이 저주를 받아 그
리스도에게서 끊어질지라도 원하는 바로라"(롬 9:3).

기도

보통 기도를 말할 때 일반적인 기도의 모든 부분이 포함되지
만, 이것을 구별하여 기도와 간구로 나누어 설명할 수 있습니다.
여기서는 기도에 관하여만 생각해 보고자 합니다. 기도는 하
나님의 임재와 교제에 그 목적이 있습니다. 무엇을 하나님으로
부터 얻는 것이 아니라, 하나님과의 관계성에 더 목적을 두는 것
입니다. 그러므로 기도에 있어서 가장 중요한 것은 연속성입니
다. 그래서 성경은 쉬지 말고 기도하라고 했습니다. 심지어 기도
를 쉬는 것을 죄라고도 말했습니다.

"쉬지 말고 기도하라"(살전 5:17).

"나는 너희를 위하여 기도하기를 쉬는 죄를 여호와 앞에 결단코
범치 아니하고"(삼상 12:23).

그래서 기도를 하나님과의 교제, 또는 성도의 호흡이라고 표현하는 것입니다. 우리는 어떤 상황, 어떤 현실에서도 언제든지 기도할 수 있습니다. 꼭 무릎을 꿇고 기도하는 것만이 아니라, 생각으로 할 수도 있고 말씀의 묵상을 통해서도 하나님의 임재를 체험하게 되는데, 이것이 다 일종의 기도입니다. 그러므로 성도는 어느 한 순간도 하나님과의 교제가 끊어져서는 안 됩니다. 그 때에 생명을 잃게 되고, 죄를 짓게 되기 때문입니다.

간구

우리가 흔히 생각하는 기도가 여기에 해당됩니다. 하나님 앞에 필요한 것이 있을 때 구하는 기도입니다. 그러나 이 간구의 기도는 하나님께 평상시에 하는 기도와 깊은 관계가 있습니다. 하나님의 임재를 항상 누리고 바른 관계만 갖고 있다면 간구의 기도는 쉽게 응답받을 수 있습니다.

"너는 기도할 때에 네 골방에 들어가 문을 닫고 은밀한 중에 계신 네 아버지께 기도하라 은밀한 중에 보시는 네 아버지께서 갚으시리라 또 기도할 때에 이방인과 같이 중언 부언하지 말라 저희는 말을 많이 하여야 들으실 줄 생각하느니라 그러므로 저희를 본받지 말라 구하기 전에 너희에게 있어야 할 것을 하나님 너희 아버지께서 아시느니라"(마 6:6-8).

예를 들어, 평상시에 아버지와 함께 있는 사이좋은 아들이 아버지에게 무엇을 요구했다면 굳이 여러 번 요구하지 않아도 아버지는 응답을 해 주실 것입니다. 그러나 같은 아들일지라도 멀리 떨어져 있거나 아버지의 뜻을 거역하는 아들이라면 그 아들이 아무리 여러 번 요구하더라도 쉽게 아버지가 응답하지는 않을 것입니다.

평상시에 아버지와 늘 가까이 지내며, 모시며, 교제하며 그분의 뜻을 순종하며 사는 것이 아버지로부터 우리가 필요한 것을 얻는 필수조건이 됩니다. 이것이 간구기도의 비밀입니다.

따라서, 간구기도의 응답은 평상시에 우리가 얼마나 하나님의 임재를 누리며, 교제가 잘 되고 있는가가 그 열쇠입니다.

기도의 분류

기도는 하는 방식에 따라 여러 방법으로 분류될 수 있습니다. 이 다양한 방법을 우리가 아는 것이 기도를 이해하고, 응답받는 데 큰 도움이 됩니다.

위로 하는 기도

우리가 하는 일반적 기도가 위로 하는 기도입니다. 즉 예수님의 이름으로 아버지께 기도하는 일반적 기도는 모두 땅에서 하늘로 하는 위로 하는 기도입니다.

> "내가 천국 열쇠를 네게 주리니 네가 땅에서 무엇이든지 매면 하늘에서도 매일 것이요 네가 땅에서 무엇이든지 풀면 하늘에서도 풀리리라 하시고"(마 16:19).

안으로 하는 기도

안으로 하는 기도는 내가 내 자신에게 하는 기도입니다. 이것을 묵상이나 자백으로 볼 수 있겠지만, 성도는 모든 것이 하나님 앞에서 하는 것이기 때문에 이것 역시 기도의 일종으로 볼 수 있습니다. 안으로 하는 기도로 자기 자신을 성찰할 수 있으며, 또 회개할 수 있고, 이 기도를 하면 할수록 속사람이 성장하는 성숙한 신앙인이 될 수 있습니다.

> "내 영혼아 네가 어찌하여 낙망하며 어찌하여 내 속에서 불안하여 하는고 너는 하나님을 바라라 그 얼굴의 도우심을 인하여 내가 오히려 찬송하리로다"(시 42:5).

> "내 영혼아 네가 어찌하여 낙망하며 어찌하여 내 속에서 불안하여 하는고 너는 하나님을 바라라 나는 내 얼굴을 도우시는 내 하나님을 오히려 찬송하리로다"(시 42:11).

이 시편기자는 자기 스스로 자기의 영혼을 향하여 안으로 구하고 있는 것을 볼 수 있습니다. 그러므로 실망과 절망에 빠져 있는 자신을 추스리며, 어려움 속에서 하나님을 향하여 힘을 얻는 모습을 이 기도를 통하여 볼 수 있습니다. 이것이 이 기도의 장점입니다.

옆으로 하는 기도

옆으로 하는 기도는 우리의 실생활 속에서 인간 대 인간의 대화를 나누는 것을 말하는 것입니다. 대화가 기도라고 하는 것을 아는 사람은 그리 많지 않습니다. 하나님을 믿는 사람들은 그 대화가 하나님 앞에서 하는 것이기 때문에 어떤 말이든 간에 그것이 일종의 기도가 될 수밖에 없습니다. 그러나 대부분의 신앙인들은 자신의 말들이 자기 신앙생활이나 영성에 결정적인 영향을 주고 있다는 것을 모르고 있습니다. 더구나 그 말들이 기도 자체임을 아는 사람은 더욱 없습니다.

"한 입으로 찬송과 저주가 나는도다 내 형제들아 이것이 마땅치 아니하니라 샘이 한 구멍으로 어찌 단 물과 쓴 물을 내겠느뇨 내 형제들아 어찌 무화과나무가 감람 열매를, 포도나무가 무화과를 맺겠느뇨 이와 같이 짠 물이 단 물을 내지 못하느니라"(약 3:10-12).

실제 우리가 신앙생활을 할 때 대화가 기도라는 사실을 숙지한다면, 우리의 기도와 대화의 생활에 엄청난 변화와 축복을 받는 것은 물론이거니와 하나님으로부터 기도 응답을 받을 것입니다.

아래로 하는 기도

아래로 하는 기도는 성도가 주님으로부터 받은 권세를 가지고 환경을 극복하고 명령하는 기도를 말합니다. 이미 우리에게 주어진 권세를 또 하나님께 달라고 하는 것은 어리석고 민망한 일입니다. 그런데도 이런 것을 반복하고 있는 것은 미숙한 신앙인의 기도의 모습입니다.

> "이스라엘의 거룩하신 자 곧 이스라엘을 지으신 여호와께서 가라사대 장래 일을 내게 물으라 또 내 아들들의 일과 내 손으로 한 일에 대하여 내게 부탁하라"(사 45:11).

여기서 "내게 부탁하라"는 말은 "내게 명령하라"는 말로 번역할 수 있습니다. 그러므로 주어진 권세를 가지고 명령하면 하나님은 시행하신다는 것입니다. 우리는 이미 주어진 권세가 있기에 그 권세를 가지고 명령할 때 반드시 이루어진다는 믿음을 가져야 됩니다.

"여호와께서 모세에게 이르시되 너는 어찌하여 내게 부르짖느뇨 이스라엘 자손을 명하여 앞으로 나가게 하고 지팡이를 들고 손을 바다 위로 내밀어 그것으로 갈라지게 하라 이스라엘 자손이 바다 가운데 육지로 행하리라"(출 14:15-16).

이 성경 말씀을 통해 하나님이 모세를 꾸짖는 장면을 볼 수 있습니다. 그 이유는 그에게 이미 권세의 상징인 지팡이를 주었으니 하나님께 부르짖지 말고 그 지팡이로 홍해 위를 가리켜 그 바다를 갈라지게 하라는 것인데, 그렇게 하지 않았기 때문입니다. 그것은 하나님께 구할 일이 아니라 모세에게 이미 주어진 권세라는 것입니다. 마찬가지로 성도에게 있어서 예수님의 이름은 하나님의 이름이요, 하나님의 권세로서 마귀를 제압하고 귀신의 권세를 물리칠 수 있는 능력입니다. 하나님께서는 이 권세를 성도에게 주셨기 때문에 명령의 기도로 이길 수 있는 것입니다.

"믿는 자들에게는 이런 표적이 따르리니 곧 저희가 내 이름으로 귀신을 쫓아내며 새 방언을 말하며 뱀을 집으며 무슨 독을 마실지라도 해를 받지 아니하며 병든 사람에게 손을 얹은즉 나으리라 하시더라"(막 16:17-18).

"이같이 여러 날을 하는지라 바울이 심히 괴로와하여 돌이켜 그 귀신에게 이르되 예수 그리스도의 이름으로 내가 네게 명하노니 그에게서 나오라 하니 귀신이 즉시 나오니라"(행 16:18).

우리는 지금도 이 믿음을 갖고 명령하는 기도로 아래로 기도
하여 환경을 극복하고 지배할 수 있어야 됩니다.

제4장

전도인의 기도훈련(Ⅱ)

- 기도를 알아야

세상을 변화시킨다

기도는 배우고 훈련 받아야 됩니다. 예수님도 기도하셨고, 우리에게도 기도하는 방법을 제시하여 주셨습니다. 아무리 어려운 일을 만날지라도 기도하게 되면 하나님께서는 그 방해물을 이길만한 힘을 주셔서 극복하게 됩니다. 그리고 전도자는 바른 기도의 이론으로 무장하여 기도의 장벽을 항상 넘어야 능력자가 됩니다.

기도의 개요

신앙 생활을 잘 하려면 기도에 대하여 배워야 됩니다. 많은 사람들이 기도는 하는 것이지 배워야 하는 것이라고 생각하지는 않습니다. 그러나 주님의 제자들은 주님께 기도를 가르쳐 달라고 했습니다.

"예수께서 한 곳에서 기도하시고 마치시매 제자 중 하나가 여짜오되 주여 요한이 자기 제자들에게 기도를 가르친 것과 같이 우리에게도 가르쳐 주옵소서"(눅 11:1).

기도는 배우고 훈련 받아야 된다

예수님도 기도하셨고, 우리에게도 기도하는 방법을 제시하여 주셨습니다. 그래서 성도는 항상 기도해야 되며, 주님이 가르쳐 주신 방법대로 기도해야 합니다.

"새벽 오히려 미명에 예수께서 일어나 나가 한적한 곳으로 가사 거기서 기도하시더니"(막 1:35).

"이 때에 예수께서 기도하시러 산으로 가사 밤이 맞도록 하나님께 기도하시고"(눅 6:12).

"예수께서 이르시되 너희는 기도할 때에 이렇게 하라 아버지여 이름이 거룩히 여김을 받으시오며 나라이 임하옵시며 우리에게 날마다 일용할 양식을 주옵시고 우리가 우리에게 죄 지은 모든 사람을 용서하오니 우리 죄도 사하여 주옵시고 우리를 시험에 들게 하지 마옵소서 하라"(눅 11:2-4).

기도할 때에 성령을 받고 능력을 체험하게 된다

성경을 통하여 우리가 배우는 교훈 중에서 귀한 것은 기도할 때에 반드시 성령을 받고 능력을 체험하게 된다는 것입니다. 아무리 어려운 일을 만난다 할지라도 기도하게 되면 성령이 함께 하시고 그 방해물을 이길만한 힘을 허락하셔서 극복하게 해 주십니다.

"너희가 악할지라도 좋은 것을 자식에게 줄 줄 알거든 하물며 너희 천부께서 구하는 자에게 성령을 주시지 않겠느냐 하시니라"(눅 11:13).

"빌기를 다하매 모인 곳이 진동하더니 무리가 다 성령이 충만하
여 담대히 하나님의 말씀을 전하니라"(행 4:31).

기도하는 자는 어떤 장애물도 극복할 수 있습니다. 또한 기도
를 통하여 장애물을 극복하면 그 힘은 기도자의 능력으로 남게
됩니다.

기도할 때 어둠의 세력인 마귀·사탄을 제압할 수 있다

인간의 힘으로는 절대로 어둠의 세력을 제압할 수 없습니다.
그러나 기도하여 성령의 권세를 힘입게 되면, 어떤 어둠의 세력
도 물리칠 수 있습니다.

"만군의 여호와께서 말씀하시되 이는 힘으로 되지 아니하며 능
으로 되지 아니하고 오직 나의 신으로 되느니라"(슥 4:6).

"이르시되 기도 외에 다른 것으로는 이런 유가 나갈 수 없느니라
하시니라"(막 9:29).

"이같이 여러 날을 하는지라 바울이 심히 괴로와하여 돌이켜 그
귀신에게 이르되 예수 그리스도의 이름으로 내가 네게 명하노니
그에게서 나오라 하니 귀신이 즉시 나오니라"(행 16:18).

기도만이 하나님의 능력을 이 땅에 이끌 수 있는 첩경입니다.

기도할 때에 전도의 문이 열린다

전도의 주권이 하나님께 있기 때문에 인간의 힘으로는 전도가 되지 않습니다. 그러므로 전도자는 하나님의 힘을 통해서만이 전도에서 승리할 수 있고 전도의 문을 열 수 있습니다.

> "또 나를 위하여 구할 것은 내게 말씀을 주사 나로 입을 벌려 복음의 비밀을 담대히 알리게 하옵소서 할 것이니"(엡 6:19).

> "또한 우리를 위하여 기도하되 하나님이 전도할 문을 우리에게 열어 주사 그리스도의 비밀을 말하게 하시기를 구하라 내가 이것을 인하여 매임을 당하였노라"(골 4:3).

그러므로 전도자는 쉬지 말고 기도해서 전도의 동력이 임하도록 해야 하며, 이것은 전도자의 필수 조건입니다(살전 5:17).

기도이론의 정립

우리는 기도이론을 바르게 정립해야만 기도의 방해요소를 제거할 수 있습니다. 그래야 실제적인 기도를 할 수 있고 응답의 체험을 가질 수 있는 것입니다. 그래서, 우선 기도에 대한 난해한 이론 정립을 확실히 할 필요가 있습니다.

기도이론은 기도의 행위가 어떻게 하나님의 뜻에 영향을 미치는가에 대한 것입니다. 하나님의 주권과 인간의 자유의지가 어떻게 조화를 이루며, 하나님의 뜻과 인간의 뜻이 어떻게 조화를 이룰 수 있는가 하는 문제인 것입니다. 하나님의 완전한 뜻이 기도에 의하여 외부의 뜻에 영향을 받을 수 있는가 하는 문제라고 할 수 있습니다.

이 문제를 깊이 생각해 보겠습니다.

기도는 삼위일체 하나님 안에서 이해된다

하나님은 사랑이십니다.

> "사랑하지 아니하는 자는 하나님을 알지 못하나니 이는 하나님은 사랑이심이라"(요일 4:8).

하나님은 사랑이시기 때문에 영원 전부터 성부, 성자, 성령의 하나님으로 서로 연합하시며, 교제하시며, 역사하셨습니다. 아버지께서는 아들과 동등한 위격으로 영원히 존재하십니다. 아버지는 모든 것을 섭리하고, 의논하고, 연합하는 복된 교제를 할 수 있는 지위를 아들에게 허락하셨습니다.

하나님은 사랑이시기 때문에 혼자 존재할 수 없으시며, 영원 전부터 아들과 함께 성령에 의하여 교제하고, 삼위로 존재하며 역사하셨습니다. 즉 아버지가 주시는 것이 자발적 의지라면 아들(예수님)이 구하는 것도 자발적 의지로 볼 수 있으며, 성령에 의하여 받게 됩니다. 이것이 하나님의 존재의 모습이며, 사랑의 모습이며, 일종의 기도의 모델로 볼 수 있습니다.

"내가 영을 전하노라 여호와께서 내게 이르시되 너는 내 아들이라 오늘날 내가 너를 낳았도다 내게 구하라 내가 열방을 유업으로 주리니 네 소유가 땅 끝까지 이르리로다"(시 2:7-8).

즉, 모든 일은 아들이 반드시 구하고 아버지는 주심으로써 이루어지게 됩니다. 이것을 기도의 원형으로 볼 수 있습니다.

"돌을 옮겨 놓으니 예수께서 눈을 들어 우러러 보시고 가라사대 아버지여 내 말을 들으신 것을 감사하나이다 항상 내 말을 들으시는 줄을 내가 알았나이다 그러나 이 말씀하옵는 것은 둘러선 무리를 위함이니 곧 아버지께서 나를 보내신 것을 저희로 믿게 하려 함이니이다"(요 11:41-42).

이 말씀에서 예수님의 기도를 항상 아버지가 들어주고 있음을 알 수 있으며, 예수님께서는 이 사실을 둘러선 제자들에게 알려 주고 있습니다. 우리는 여기서 참으로 놀라운 우주의 섭리를 깨달을 수 있습니다. 아버지가 뜻을 세우고 아들이 그 뜻을 이루시고 성령에 의하여 역사하시지만, 모든 것이 아들이 구하고 아버지가 주시는 사랑의 교제, 즉 기도의 모델로 이루어지고 있다는 것입니다. 그러므로 우리가 이 세상에 대하여는 소망이 없지만, 주님 안에서 미래에 대하여 무한한 소망을 가질 수가 있는 것은, 아버지와 아들의 사랑 속에서 이 우주가 섭리되기 때문입니다.

기도는 하늘에 계신 하나님의 삼위일체 속에서 나오는 것이므로 하늘에 계신 예수 그리스도의 간구와 이 땅에서 예수님을 믿는 자(예수님의 이름을 소유한 자)의 기도도 예수 안에서 가능하게 해 줍니다.

주님 안에서 인간의 기도도 가능해진다

그러므로 우주 만물의 섭리는 역사하시는 예수님의 간구와 하나님 아버지의 허락하심으로 성령의 역사에 의하여 이루어집니다.

"만물이 그에게 창조되되 하늘과 땅에서 보이는 것들과 보이지 않는 것들과 혹은 보좌들이나 주관들이나 정사들이나 권세들이나 만물이 다 그로 말미암고 그를 위하여 창조되었고 또한 그가 만물보다 먼저 계시고 만물이 그 안에 함께 섰느니라"(골 1:16-17).

주님은 이 땅에 오셔서 육신을 입고 십자가의 구속의 완성을 통하여 우리에게 구원을 주시고 믿는 자들에게 자기 이름을 주셨습니다. 그리고 기도할 수 있는 권세를 우리에게 허락하신 것입니다.

> "영접하는 자 곧 그 이름을 믿는 자들에게는 하나님의 자녀가 되는 권세를 주셨으니"(요 1:12).

> "너희가 내 이름으로 무엇을 구하든지 내가 시행하리니 이는 아버지로 하여금 아들을 인하여 영광을 얻으시게 하려 함이라 내 이름으로 무엇이든지 내게 구하면 내가 시행하리라"(요 14:13-14).

예수님은 십자가의 구속을 통하여 예수님을 믿는 자에게 주님처럼 기도할 수 있는 권세를 주셨습니다. 바로 예수님의 이름을 주신 것입니다. 그래서 우리도 하나님 아버지께 기도함으로 우주 섭리에 참여할 수 있는 권세를 갖게 되었습니다. 예수 이름의 권세는 참으로 놀라운 일이 아닐 수 없습니다.

> "내가 천국 열쇠를 네게 주리니 네가 땅에서 무엇이든지 매면 하늘에서도 매일 것이요 네가 땅에서 무엇이든지 풀면 하늘에서도 풀리리라 하시고"(마 16:19).

우리는 여기서 한 가지 마음에 큰 의심을 갖게 됩니다. 실제 생활에서 '나는 예수의 이름으로 기도를 했는데 왜 응답을 받지 못했는가' 하는 점입니다. 여기에는 반드시 문제가 있습니다. 그것은 아직도 내가 내 이름을 버리지 못했기 때문입니다. 영적으로 말한다면, 자기 이름을 버리지 못한 사람은 예수의 이름을 사용할 수 없는 것입니다.

예수를 믿는 자, 예수를 영접하는 자(요 1:12)는 자기 이름을 버리고(빌 3:8-9) 주님의 이름으로 사는 자들입니다.

그런데 아직도 내 이름으로 살고 있는 것이 문제입니다. 내 뜻, 내 명예, 내 욕망을 이루기 위해서 예수의 이름을 사용하고 있기 때문에, 엄격히 말한다면 예수의 이름을 사용한다는 말 자체가 거짓입니다. 그러므로 그런 기도는 이루어질 수 없는 것입니다. 성경에서 보면 바울 사도가 철저하게 주님 안에서 자기를 잃어버린 것을 발견할 수 있습니다. 그는 참으로 예수의 이름을 쓰기에 합당한 자입니다.

> "또한 모든 것을 해로 여김은 내 주 그리스도 예수를 아는 지식이 가장 고상함을 인함이라 내가 그를 위하여 모든 것을 잃어버리고 배설물로 여김은 그리스도를 얻고 그 안에서 발견되려 함이니"(빌 3:8-9).

이런 자만이 주님의 이름을 사용할 수 있고, 이 땅에서 주님

의 이름으로 기도 응답을 받을 수 있기 때문에 하나님의 큰 일을
할 수 있습니다.

> "내가 진실로 진실로 너희에게 이르노니 나를 믿는 자는 나의 하
> 는 일을 저도 할 것이요 또한 이보다 큰 것도 하리니 이는 내가
> 아버지께로 감이니라"(요 14:12).

하나님의 뜻과 인간의 뜻은 주님 안에서 조화될 수 있다

하나님의 영원한 뜻(불레: Boule)은 변함없이 이루어지지만,
하나님의 뜻 안에서 허용하시는 뜻(텔레마: Thelema)도 있습
니다. 이것은 주님의 이름으로 기도하는 인간의 기도 안에서 얼
마든지 열려 있고 조화되는데 이것이 하나님의 전능이요, 기도
의 신비입니다. 그러므로 성도는 얼마든지 자신의 장래와 미래
의 운명을 바꿀 수 있다는 믿음을 가지고 하나님께 기도해야만
됩니다. 왜냐하면 인간의 운명은 운명론적이나 숙명론적으로 이
미 결정된 것이 아니기 때문입니다.

그러므로 성도의 기도의 여지는 언제든지 남아 있다고 보는
것이 성서적입니다. 인간은 피조물이기 때문에 과거와 현재, 미
래가 존재하여 시간의 제한을 받는 불완전한 자이지만, 하나님
은 그렇지 않으십니다. 하나님은 창조자로서 언제든지 완전한
자이십니다. 따라서 하나님은 시간 제한이 없고 영원한 현재로
서 스스로 존재하십니다.

"하나님이 모세에게 이르시되 나는 스스로 있는 자니라 또 이르시되 너는 이스라엘 자손에게 이같이 이르기를 스스로 있는 자가 나를 너희에게 보내셨다 하라"(출 3:14).

인간이 볼 때 확정된 언약으로 보이는 것도 하나님 안에서는 항상 현재 속에서 이루어지기 때문에 현재 속에서 조화됩니다. 그러므로 성도의 기도가 포함된다 해도 하나님은 그분의 자유의지와 성도의 기도를 조화시킬 수 있습니다.

또 인간에게 있어서 아직 이루어지지 않은 미래의 일이라 할지라도 하나님 안에서는 항상 현재의 이루어진 일로 역사하기 때문에 지금 기도한다면 성도는 미래의 일에 참여하게 되는 것이 됩니다. 그러므로 기도는 우리의 미래의 일을 참으로 놀랍게 성공적으로 그려 가는 축복된 삶의 길입니다. 그것을 주님의 이름으로 우리에게 선물로 주신 것입니다. 그러므로 성도가 미래의 되어질 일을 기도한다면 하나님의 역사에 참여할 수가 있습니다. 이것이 기도의 특권입니다.

"쉬지 말고 기도하라"(살전 5:17).

"모든 기도와 간구로 하되 무시로 성령 안에서 기도하고 이를 위하여 깨어 구하기를 항상 힘쓰며 여러 성도를 위하여 구하고"(엡 6:18).

제5장

전도인의
생활훈련

- 하나님의 나라에 거하라

구원받은 성도가 마땅히 살아야 될 삶의 자리는 하나님 나라입니다. 하나님을 믿고 주님을 영접하면 바로 우리가 거하는 곳이 하나님의 나라, 즉 천국인 것입니다. 그래서 우리는 날마다 이 세상 속에 살지만 하나님 나라에 거해야 됩니다. 이것을 전도자 생활훈련이라고 합니다. 전도는 실제생활에서 하나님 나라에 거할 때만 가능해집니다.

성도는 삶의 위치를 알아야 한다

하나님으로부터 구원받은 성도는 자기 삶의 자리를 분명히 확인해야만 합니다.

성도는 이 땅에 살지만 하나님 나라에 거하고 있다는 것을 알아야 한다는 말입니다. 그것의 분명한 깨달음과 확신이 있을 때만 전도인이 될 수 있습니다.

이제 성도의 삶의 자리를 알기 위해서 성경에서 말하는 위치적 영적 용어를 살펴보겠습니다.

세상(κοσμος)

'세상' 이라는 말은 성경에서 다음과 같이 사용되고 있습니다.

공간적인 피조 세계와 지구를 나타내거나 우주 속의 인간, 사물을 나타낼 때 세상이라고 말합니다(시 90:2, 렘 10:12).

또, 인간의 영혼을 나타냅니다(요 3:16).

마지막으로, 하나님을 대적하는 영적 세력 및 그 조직의 체계를 나타내는 말이라고 할 수 있는데 그것은 세속적이며 정욕적이고 유물론적인 관심 영역을 갖고 있습니다. 주로 세상이라고 할 때에는 이 마지막 세 번째 뜻을 말하게 됩니다(막 4:19, 딤후 4:10, 눅 12:30, 요일 2:16-17).

> "이 세상이나 세상에 있는 것들을 사랑치 말라 누구든지 세상을 사랑하면 아버지의 사랑이 그 속에 있지 아니하니 이는 세상에 있는 모든 것이 육신의 정욕과 안목의 정욕과 이생의 자랑이니 다 아버지께로 좇아온 것이 아니요 세상으로 좇아온 것이라"(요일 2:15-16).

> "또 아는 것은 우리는 하나님께 속하고 온 세상은 악한 자 안에 처한 것이며"(요일 5:19).

여기서 말하는 세상은 물질 자체를 말하는 것이 아닙니다. 물질 자체는 하나님이 만드신 것이기 때문에 언제든지 귀한 것입니다. 단, 물질세계 속에 역사하고 있는 하나님을 거부하고 하나님을 대적하는 영적 세력 및 그 조직을 세상이라고 말하는 것입니다. 이것은 예전이나 지금이나 언제든지 존재하고 있습니다.

세대($\alpha i \acute{\omega} \nu$)

여기서 '세대'는 세상과 비슷한 개념입니다. 세상을 더 확실히 알 수 있는 용어인 세대에 대해서 생각해 봅시다.

세상이 공간적 개념이라면 세대는 시간적 개념입니다. 또, 우리가 세상에서 살면서 경험하고 있는 세속의 개념을 나타낼 때 세대라는 말을 사용할 수 있습니다.

> "또 여러 말로 확증하며 권하여 가로되 너희가 이 패역한 세대에서 구원을 받으라 하니 그 말을 받는 사람들은 세례를 받으매 이 날에 제자의 수가 삼천이나 더하더라"(행 2:40-41).

> "너희는 이 세대를 본받지 말고 오직 마음을 새롭게 함으로 변화를 받아 하나님의 선하시고 기뻐하시고 온전하신 뜻이 무엇인지 분별하도록 하라"(롬 12:2).

예전이나 지금이나 하나님을 대적하는 영적 세력은 동일하나 그 세상의 모습은 그 시대시대마다 다른 모습으로 나타나게 되는데, 그것을 우리는 세대라고 말할 수 있습니다. 그래서 전도자는 그 시대시대마다 다른 모습으로 나타나는 세상의 패역한 영적 세력에 빠지지 말고 깨어 있어야 합니다. 그래야 천하보다 귀한 영혼을 구원할 수 있는 것입니다.

하나님의 나라(Kingdom of God, Kingdom of Heaven, 바실레이아: *βασιλεία*)

그러면 구원받은 성도가 이 땅에 살면서 마땅히 살아야 될 삶의 자리는 어디입니까? 그것은 하나님 나라입니다. 이것을 다른 말로 천국이라고 표현하기도 합니다. 여기서 우리는 한 가지 인식을 바꾸어야 할 점이 있습니다. 우리는 막연히 예수 믿고 죽은 다음에 천국에 간다고 생각하고 있지만, 그것은 대단히 추상적이고 분명하지 못한 사고입니다. 성경에서 말하는 분명한 말씀은 하나님을 믿고 주님을 영접하면 바로 우리가 거하는 곳이 하나님의 나라, 즉 천국이라고 말하고 있는 것입니다.

> "바리새인들이 하나님의 나라가 어느 때에 임하나이까 묻거늘 예수께서 대답하여 가라사대 하나님의 나라는 볼 수 있게 임하는 것이 아니요 또 여기 있다 저기 있다고도 못하리니 하나님의 나라는 너희 안에 있느니라"(눅 17:20-21).

이제 성경에서 말하는 하나님의 나라에 대하여 생각해 보겠습니다.

하나님의 나라

성경에서 하나님의 나라는 공간적 개념보다는 주권적 개념으로 더 많이 쓰이고 있습니다. 더 정확하게 말하면, 주님의 왕국이라고 표현할 수 있습니다.

하나님 나라를 Kingship, king's authority, lordship으로 해석하고 표현할 수 있습니다.

여기에 관련된 말씀을 살펴봅시다.

"여호와께서 그 보좌를 하늘에 세우시고 그 정권으로 만유를 통치하시도다"(시 103:19).

여기서 하나님께서는 보좌를 하늘에 세우시고 권세를 가지고 이 세상을 다스리는 모습을 우리에게 보여 주고 있습니다.

"저희가 주의 나라의 영광을 말하며 주의 능을 일러서 주의 능하신 일과 주의 나라의 위엄의 영광을 인생에게 알게 하리이다"(시 145:11-12).

이 말씀에서는 주의 나라와 주의 능력이 평행한 구절입니다. 이는 주의 나라는 주의 능력이 임하는 곳임을 나타내는 것입니다. 그러므로 하나님의 나라는 주의 능력이 임재하는 영역을 말합니다. 따라서 하나님에 의하여 다스려지고 통치되는 곳이 하나님의 나라입니다.

성경은 그 하나님의 나라가 이 세상 속에 와 있다고 말씀하고 있습니다. 그리고 구원받은 성도는 그 하나님 나라 속에 거할 때만이 승리할 수 있습니다. 이것이 가장 중요한 성도의 위치입니다. 그러므로 성도는 이 위치를 지켜야 됩니다. 이것이 가장 중요한 성도의 생활훈련입니다.

"이 때부터 예수께서 비로소 전파하여 가라사대 회개하라 천국이 가까왔느니라 하시더라"(마 4:17).

만약 성도가 이 세상 속에서 살아가면서 하나님의 나라에 거하지 않는다면 승리할 수 없을 뿐 아니라 전도자의 삶은 불가능합니다. 그렇기 때문에 우리는 하나님 나라에 거하는 삶을 날마다 살아야 됩니다. 이것을 전도인의 생활훈련이라고 말합니다.

하나님의 나라는 세상과 긴장관계에 있다

우리는 하나님 나라와 세상이 긴장 관계 속에서 투쟁하고 있다는 것을 알아야 됩니다. 그것을 철저하게 성경이 우리에게 가르쳐 주고 있습니다.

"그러나 내가 하나님의 성령을 힘입어 귀신을 쫓아내는 것이면

하나님의 나라가 이미 너희에게 임하였느니라 사람이 먼저 강한 자를 결박하지 않고야 어떻게 그 강한 자의 집에 들어가 그 세간을 늑탈하겠느냐 결박한 후에야 그 집을 늑탈하리라"(마 12:28-29).

물론 전도는 하나님이 주권을 갖고 하시는 것이지만 우리는 복음 전도자로서 부름을 받았습니다. 하나님의 군사로서 부름을 받은 것입니다. 그러므로 우리는 영적인 전쟁을 함으로써 그 영혼을 구원하게 되는 것입니다.

"네가 그리스도 예수의 좋은 군사로 나와 함께 고난을 받을지니"(딤후 2:3).

이 투쟁과 긴장 관계는 주님이 세상 나라를 정복하고 회복시킬 때까지 계속됩니다.

"그 후에는 나중이니 저가 모든 정사와 모든 권세와 능력을 멸하시고 나라를 아버지 하나님께 바칠 때라 저가 모든 원수를 그 발 아래 둘 때까지 불가불 왕 노릇 하시리니"(고전 15:24-25).

따라서 우리 성도들은 그 때를 기다리며 피 흘리기까지 싸워야 됩니다.

"너희가 죄와 싸우되 아직 피 흘리기까지는 대항치 아니하고"
(히 12:4).

그러나 여기서 중요한 점은 이 싸움은 우리 성도가 하고 있지
만, 이미 예수 그리스도에 의하여 십자가에서 이긴 싸움이라는
것입니다. 성도들은 이러한 확신을 가져야 합니다.

"이것을 너희에게 이름은 너희로 내 안에서 평안을 누리게 하려
함이라 세상에서는 너희가 환난을 당하나 담대하라 내가 세상을
이기었노라 하시니라"(요 16:33).

이 사실이 믿음으로 받아들여질 때만 우리는 세상을 이기고
하나님 나라에 거할 수 있는 것입니다.

"하나님께로서 난 자마다 범죄치 아니하는 줄을 우리가 아노라
하나님께로서 나신 자가 저를 지키시매 악한 자가 저를 만지지
도 못하느니라"(요일 5:18).

성령충만해야 하나님 나라에 거할 수 있다

성도는 항상 성령충만해야 하나님 나라에 거하고, 하나님의
임재를 체험하게 됩니다.

그래서 하나님의 역사는 지금(때) 여기서(상황) 나(대상)에게 이루어지며, 그 때 하나님의 나라가 임하게 됩니다.

> **"하나님의 나라는 먹는 것과 마시는 것이 아니요 오직 성령 안에서 의와 평강과 희락이라"(롬 14:17).**

하나님의 나라는 물질세계나 보이는 것, 또는 정욕에 의해서 좌우되는 것이 아니라 성령에 의해서 이루어지는 영적 세계를 나타냅니다.

의

하나님에 의하여 영원히 옳다고 인정받는 것을 말하는 것으로 천국의 질서를 나타냅니다.

> **"대저 의인의 길은 여호와께서 인정하시나 악인의 길은 망하리로다"(시 1:6).**

평강

하나님이 주시는 조화로운 평화와 안식과 강건을 말합니다.

> **"평안을 너희에게 끼치노니 곧 나의 평안을 너희에게 주노라 내가 너희에게 주는 것은 세상이 주는 것 같지 아니하니라 너희는 마음에 근심도 말고 두려워하지도 말라"(요 14:27).**

영생의 기쁨 속에서 오는 즐거움을 나타내는데, 이 기쁨은 회복과 관계가 있습니다. 그러나 세상에서 주는 기쁨은 받으면 받을수록 죄를 짓게 되고 병들게 됩니다.

> "이러므로 내 마음이 기쁘고 내 영광도 즐거워하며 내 육체도 안전히 거하리니 이는 내 영혼을 음부에 버리지 아니하시며 주의 거룩한 자로 썩지 않게 하실 것임이니이다 주께서 생명의 길로 내게 보이시리니 주의 앞에는 기쁨이 충만하고 주의 우편에는 영원한 즐거움이 있나이다"(시 16:9-11).

그러므로 성도가 이처럼 성령충만으로 하나님의 나라에 거할 때 이 세상의 잃어버린 영혼을 구원할 수 있는 것입니다. 즉 어둠의 나라에서 하나님 아들의 나라로 그들을 옮길 수 있다는 말입니다. 그리고 그것은 그들이 그러한 복된 체험을 갖고 있기 때문입니다.

> "그가 우리를 흑암의 권세에서 건져내사 그의 사랑의 아들의 나라로 옮기셨으니"(골 1:13).

성령충만만이 하나님의 나라에 거하는 길입니다.

성령충만은 대가를 지불해야 한다

성도의 생활훈련에서 하나님 나라에 거하기 위해서는 성령충만이 필수이지만, 거기에는 반드시 성도 스스로가 지불해야 될 대가가 있습니다. 물론 우리는 은혜로 구원을 받는 것이지만, 능력이나 사역을 위해서는 반드시 대가가 필요합니다.

"볼지어다 내가 내 아버지의 약속하신 것을 너희에게 보내리니 너희는 위로부터 능력을 입히울 때까지 이 성에 유하라 하시니라"(눅 24:49).

여기서 하나님의 약속하신 능력을 받기 위해서 반드시 제자들은 그 성에서 기다려야만 했음을 알 수 있습니다. 그 성에서 기다린다는 것은 성령의 능력을 받기 위한 대가라고 볼 수 있습니다. 그 대가를 지불하지 못한 사람들은 능력을 받지 못했습니다.

"여자들과 예수의 모친 마리아와 예수의 아우들로 더불어 마음을 같이하여 전혀 기도에 힘쓰니라"(행 1:14).

이 말씀은 성령을 받기 전에 마가의 다락방에서 예수님의 모친과 형제들과 제자들이 기도했던 모습을 나타내고 있습니다. 예수님의 육신의 모친이라 할지라도 친히 기도하지 않았다면 마가의 다락방에서 성령을 체험하지 못했을 것입니다. 이 역시 성령을 받기 위한 대가입니다. 그러므로 우리는 능력있는 전도자, 능력있는 성도가 되기 위해서 끊임없이 성령에 순종하는 생활훈련을 해야 합니다. 그것은 십자가의 삶이기도 합니다.

> **"그리스도 예수의 사람들은 육체와 함께 그 정과 욕심을 십자가에 못 박았느니라 만일 우리가 성령으로 살면 또한 성령으로 행할지니"(갈 5:24-25).**

여기에 영혼구원과 성도의 삶의 승리의 비결이 있습니다. 그래서 우리는 날마다 이 세상 속에 살지만 하나님 나라에 거해야 됩니다. 이것을 성도의 생활훈련이라고 합니다.

제6장

전도인의 능력훈련

- 주님의 몸이 되는 훈련을 받아라

우리는 전도를 할 때 하나님의 능력이 필요하다는 것을 절감하게 됩니다. 그 하나님의 능력은 성령에 의한 영적인 역사지만, 우리의 영, 혼, 육의 전인적인 훈련이 필요합니다. 이 세상을 이기는 능력이 주님 안에 있다는 것을 우리는 깨달아야 합니다. 전도자는 구원받은 자가 주님의 몸의 지체임을 알아야 됩니다. 그리고 능력있는 전도자는 이 세상에서 주님의 몸으로 주님의 영광을 나타내게 됩니다.

우리는 전도를 할 때 하나님의 능력이 필요하다는 것을 절감하게 됩니다.

그 하나님의 능력은 성령에 의한 영적인 역사지만, 우리의 영, 혼, 육의 전인적인 훈련이 필요합니다.

기독교는 몸이 중요하다

기독교는 영적인 종교이지만 몸도 역시 중요합니다. 우리가 구원을 말할 때도 영, 혼, 육 전인적인 구원관을 갖는 것이 중요합니다.

"너희 몸은 너희가 하나님께로부터 받은바 너희 가운데 계신 성령의 전인 줄을 알지 못하느냐 너희는 너희의 것이 아니라 값으로 산 것이 되었으니 그런즉 너희 몸으로 하나님께 영광을 돌리라"(고전 6:19-20).

성경에 의하면, 인간은 영, 혼, 육으로 구별되어 설명될 수 있습니다. 하지만, 실제 우리 삶 속에서 그것을 구별하여 생활하기는 어렵습니다. 단지 무엇을 기준하여 사는가를 배우는 것이 중요할 뿐입니다.

> "평강의 하나님이 친히 너희로 온전히 거룩하게 하시고 또 너희 온 영과 혼과 몸이 우리 주 예수 그리스도 강림하실 때에 흠없게 보전되기를 원하노라"(살전 5:23).

> "사랑하는 자여 네 영혼이 잘 됨같이 네가 범사에 잘 되고 강건하기를 내가 간구하노라"(요삼 1:2).

몸이 있어야 하나님의 일을 할 수 있다

성령도 몸이 있을 때 받게 된다

신앙생활을 할 때 성령을 받는 문제를 우리가 많이 말하지만 그것이 실제로는 우리 몸과 깊은 관계가 있다는 것을 알아야 됩니다.

이 세상에서 몸을 가지고 살 때 반드시 성령을 받아야 하기 때문입니다.

> **"하나님이 가라사대 말세에 내가 내 영으로 모든 육체에게 부어
> 주리니 너희의 자녀들은 예언할 것이요 너희의 젊은이들은 환상
> 을 보고 너희의 늙은이들은 꿈을 꾸리라"**(행 2:17).

이 약속의 말씀에서 반드시 모든 사람의 육체에 성령을 부어 준다고 말했으며, 그렇지 않다면 사실상 인간은 이 세상에서 죄악과 세상을 이길 수가 없게 되는 것입니다. 그래서 이 세상 속에서 몸을 갖고 살아가는 사람들은 누구든지 성령을 받아야 능력있는 승리의 삶을 살 수 있습니다.

자녀들의 예언(Prediction)

이 말씀에서 우리 자녀들을 어떻게 영적으로 키울 것인가를 잘 알 수 있습니다. 그것은 우리 자녀들이 성령을 받게 되면 예언할 수 있다는 것입니다. 여기서 예언이라는 말은 그저 앞날의 되어질 일을 미리 말한다기보다는 하나님의 말씀을 깨달아서 자기의 삶에 적용하고 환경의 지표로 삼을 수 있게 하는 능력을 가질 수 있다는 것입니다. 이렇게만 된다면 사실상 우리 자녀의 교육이 바르고 성숙한 단계에 이미 올라서 있다고 볼 수 있습니다.

젊은이들의 환상(Vision)

젊은이들과 성령의 역사는 밀접한 관계가 있습니다. 왜냐하

면 젊은이들은 가장 왕성한 육신의 활력과 정력을 소유한 자이기 때문입니다. 그러나 이들이 성령을 받지 못하면 이 육신의 힘은 정욕이 되어 죄를 짓게 되는 것입니다.

반면 성령을 받게 되면 젊은이들은 성령에 의하여 환상(Vision)을 소유하게 되어 활력 있는 삶을 살 수 있게 됩니다. 환상(Vision)이란 하나님께서 그 사람을 통하여 이루고자 하는 뜻을 미리 보여 주시는 것으로서 그 환상을 가진 이는 절대로 타락할 수 없습니다. 그리고 삶을 역동적으로 살아가게 됩니다. 그러나 성령에 의한 환상이 없는 젊은이는 정력은 있으나 자기가 나아갈 수 있는 길을 알지 못하기 때문에 결국은 부패하고 타락하게 되는 것입니다.

> **"묵시가 없으면 백성이 방자히 행하거니와 율법을 지키는 자는 복이 있느니라"**(잠 29:18).

늙은이들의 꿈(Dream)

나이 많은 늙은이들도 성령을 받아야 한다는 말입니다. 그들도 꿈을 가져야 합니다. 만약 나이 많은 노인들이 성령의 감동을 받지 못하면 천국의 확신이 약해져 마지막 삶에 실패하거나 허무한 종말의 삶을 살게 됩니다. 그래서 신앙을 버리게 될 수도 있습니다.

여기서 꿈이라고 하는 것은 그들이 하나님을 믿어 주님을 영접할 때 오는 천국의 확신으로, 성령을 받게 되면 그들이 도착하게 되는 천국의 꿈을 꾸게 되므로 이 땅에서 더 확신 있는 노년의 삶을 살 수 있게 됩니다.

"모세의 죽을 때 나이 일백이십 세나 그 눈이 흐리지 아니하였고
기력이 쇠하지 아니하였더라"(신 34:7).

몸이 있을 때 하나님의 일을 할 수 있다

우리가 이 땅에서 하나님의 일을 많이 해야 되지만, 그 일을 할 수 있는 기간은 우리가 몸이 있을 때만 가능합니다.

회개가 가능하다

우리가 신앙생활을 할 때에 잘 할 수도 있지만, 하나님 앞에 잘못하거나 죄를 범할 수도 있습니다. 또 그것을 하나님 앞에 회개할 수 있는 기회도 몸이 있을 때만 가능합니다.

"너희의 아는 바와 같이 저가 그 후에 축복을 기업으로 받으려고
눈물을 흘리며 구하되 버린 바가 되어 회개할 기회를 얻지 못하
였느니라"(히 12:17).

천국 인격으로 훈련받게 된다

우리가 천국에서 온전한 삶으로 살 수 있는 그 훈련을 이 땅

에서 받게 되는데, 그것도 몸이 있을 때만 가능합니다.

> "우리가 다 하나님의 아들을 믿는 것과 아는 일에 하나가 되어
> 온전한 사람을 이루어 그리스도의 장성한 분량이 충만한 데까지
> 이르리니"(엡 4:13).

믿음의 싸움을 할 수 있다

우리가 이 땅에서 하나님을 믿고, 영적으로 많은 싸움을 통하
여 하나님께 영광을 돌리고, 우리 자신은 축복을 받을 수가 있습
니다. 그것도 우리 몸이 있을 때만 가능한 것입니다.

> "내가 선한 싸움을 싸우고 나의 달려갈 길을 마치고 믿음을 지켰
> 으니 이제 후로는 나를 위하여 의의 면류관이 예비되었으므로
> 주 곧 의로우신 재판장이 그 날에 내게 주실 것이니 내게만 아니
> 라 주의 나타나심을 사모하는 모든 자에게니라"(딤후 4:7-8).

주님도 몸을 갖고 오셨다

주님도 인간의 구원을 위하여 성육신하셨다

주님은 원래 하나님이시고 영이시지만, 인간의 구원을 위하
여 육신의 몸을 입고 이 땅에 오셨습니다.

"주는 영이시니 주의 영이 계신 곳에는 자유함이 있느니라"(고
후 3:17).

"말씀이 육신이 되어 우리 가운데 거하시매 우리가 그 영광을 보
니 아버지의 독생자의 영광이요 은혜와 진리가 충만하더라"(요
1:14).

즉, 주님께서도 인간의 구원을 위해서 육신(몸)을 입고 오셨
고, 우리를 위하여 대속의 죽음을 이루심으로 구원을 완성시켜
주신 것입니다.

"율법이 육신으로 말미암아 연약하여 할 수 없는 그것을 하나님
은 하시나니 곧 죄를 인하여 자기 아들을 죄 있는 육신의 모양으
로 보내어 육신의 죄를 정하사"(롬 8:3).

그러므로 인간의 구원을 위하여 주님의 몸이 필요했습니다.

주님의 살과 피는 우리의 구속의 대가가 되었고, 믿는 자의 참 음료와 참 양식이 되었다

우리는 주님의 몸에 의한 구속의 대가가 우리 죄 사함의 근거
가 됨을 확신해야 되며, 그를 통하여 하나님의 사랑을 굳게 의지
해야 됩니다. 이것은 주님의 지혜에 의한 깨달음으로 확실히 알

수가 있습니다.

"우리 주 예수 그리스도의 하나님, 영광의 아버지께서 지혜와 계시의 정신을 너희에게 주사 하나님을 알게 하시고"(엡 1:17).

"예수께서 이르시되 내가 진실로 진실로 너희에게 이르노니 인자의 살을 먹지 아니하고 인자의 피를 마시지 아니하면 너희 속에 생명이 없느니라"(요6:53).

우리가 철저하게 주님의 십자가의 대속을 먹고 마시는 것처럼 의지할 때 이 세상의 악한 세력을 물리치고 승리할 수 있습니다. 왜냐하면 그러한 능력이 주님께 있기 때문입니다.

주님 몸 안에는 세상에서 필요한 인간의 모든 은혜와 축복이 있다

주님 몸 안에는 구속의 능력뿐 아니라, 인간이 이 세상을 살아갈 때 세상을 이기고 살아갈 수 있는 모든 능력, 은혜와 축복이 있습니다.

"하루는 가르치실 때에 갈릴리 각 촌과 유대와 예루살렘에서 나온 바리새인과 교법사들이 앉았는데 병을 고치는 주의 능력이 예수와 함께 하더라"(눅 5:17).

"다만 예수의 옷가에라도 손을 대게 하시기를 간구하니 손을 대
는 자는 다 나음을 얻으니라"(마 14:36).

그러므로 인간이 이 땅에서 축복과 승리의 삶을 살려면 인간
에게 필요한 모든 보화가 주님 안에 있다는 것을 먼저 깨달아야
하는 것입니다. 이것은 대단히 중요한 사실입니다.

"이는 저희로 마음에 위안을 받고 사랑 안에서 연합하여 원만한
이해의 모든 부요에 이르러 하나님의 비밀인 그리스도를 깨닫게
하려 함이라 그 안에는 지혜와 지식의 모든 보화가 감취어 있느
니라"(골 2:2-3).

그래서 누구든지 주님의 몸을 체험하면 다 구원을 받게 되는
것입니다. 성경에 보면 예수님의 몸을 실제로 체험한 자는 다 살
아나고 구원을 받았습니다.

열두 해 혈루병 걸린 여인

"이는 내가 그의 옷에만 손을 대어도 구원을 얻으리라 함일러라
이에 그의 혈루 근원이 곧 마르매 병이 나은 줄을 몸에 깨달으니
라"(막 5:28-29).

회당장 야이로의 딸

"그 아이의 손을 잡고 가라사대 달리다굼 하시니 번역하면 곧 소
녀야 내가 네게 말하노니 일어나라 하심이라"(막 5:41).

나인성 과부의 아들

"가까이 오사 그 관에 손을 대시니 멘 자들이 서는지라 예수께서
가라사대 청년아 내가 네게 말하노니 일어나라 하시매 죽었던
자가 일어 앉고 말도 하거늘 예수께서 그를 어미에게 주신대"(눅
7:14-15).

주님은 부활하시어 하나님 우편에 계신다

주님은 우리의 구원을 십자가에서 이루시고 부활하셔서 하나
님 우편에 계십니다

"주 예수께서 말씀을 마치신 후에 하늘로 올리우사 하나님 우편
에 앉으시니라"(막 16:19).

주님은 믿는 자 속에 성령으로 와 계십니다. 그러므로 이 땅
에는 주님의 몸이 없습니다. 모든 인간의 능력과 축복과 지혜가

들어 있는 주님이 몸이 하나님의 우편에 계시고 이 땅에 계시지 않습니다. 그러면 이 땅에서 그 주님의 몸은 누가 되겠습니까? 그것은 바로 예수 믿는 성도가 되는 것입니다. 이것이 능력과 축복의 비밀입니다

> "우리가 유대인이나 헬라인이나 종이나 자유자나 다 한 성령으로 세례를 받아 한 몸이 되었고 또 다 한 성령을 마시게 하셨느니라"(고전 12:13).

> "너희는 그리스도의 몸이요 지체의 각 부분이라"(고전 12:27).

우리는 흔히 '몸된 교회'라는 말을 많이 합니다. 이 말은 우리가 주님의 몸, 주님의 지체가 된다는 뜻입니다. 그러나 그렇게 말만 한다고 하나님의 능력과 축복이 오는 것은 아닙니다. 우리가 그 말을 단지 연합하고 서로 도와 주라는 뜻으로밖에는 해석하고 있지 못하고 있기 때문입니다. 하나님의 능력과 축복을 받으려면 우리 자신이 주님의 실제 몸으로서 우리 속에 그 하나님의 능력과 축복이 들어 있다는 확신을 갖고 하나님께 순종해야만 가능합니다.

> "베드로가 가로되 은과 금은 내게 없거니와 내게 있는 것으로 네게 주노니 곧 나사렛 예수 그리스도의 이름으로 걸으라 하고 오른손을 잡아 일으키니 발과 발목이 곧 힘을 얻고"(행 3:6-7).

여기서 베드로의 능력은 자기가 주님의 몸이라고 믿은 데에 있습니다. 실제 그 앉은뱅이를 잡고 있는 손이 자기 손이 아니라 주님의 손이라고 믿은 것입니다. 그러므로 우리가 주님의 온전한 몸으로 살아갈 때 주님의 능력의 비밀이 나타납니다. 그래서 주님의 온전한 몸인 교회는 이 세상을 능력과 축복으로 충만케 해야 할 사명이 있는 것입니다.

"또 만물을 그 발 아래 복종하게 하시고 그를 만물 위에 교회의 머리로 주셨느니라 교회는 그의 몸이니 만물 안에서 만물을 충만케 하시는 자의 충만이니라"(엡 1:22-23).

전도자는 주님의 몸이 되는 훈련을 받아야 된다

몸은 머리의 뜻을 알아야 한다

몸이 온전하려면 머리의 뜻을 알아서 순종해야 됩니다. 마찬가지로, 우리의 머리는 주님이기 때문에 주님의 뜻을 분별해야 됩니다. 따라서 우리는 주님이 영혼구원을 위하여 이 땅에 오신 것을 깨달아야 됩니다.

"인자의 온 것은 잃어버린 자를 찾아 구원하려 함이니라"(눅 19:10).

"인자의 온 것은 섬김을 받으려 함이 아니라 도리어 섬기려 하고
자기 목숨을 많은 사람의 대속물로 주려 함이니라"(막 10:45).

몸은 머리에 철저히 순종해야 한다

우리는 주님의 뜻을 알 뿐더러 그 뜻을 철저하게 순종해야 합
니다. 그럴 때 능력을 체험하게 되는 것입니다.
순종은 어렵고 힘든 것이지만 그것 자체도 하나님의 은혜로
이루어질 수 있습니다.

"우리는 이 일에 증인이요 하나님이 자기를 순종하는 사람들에
게 주신 성령도 그러하니라 하더라"(행 5:32).

"사무엘이 가로되 여호와께서 번제와 다른 제사를 그 목소리 순
종하는 것을 좋아하심같이 좋아하시겠나이까 순종이 제사보다
낫고 듣는 것이 수양의 기름보다 나으니"(삼상 15:22) .

몸은 고난을 받아야 한다

주님이 십자가에서 우리의 구속을 이루었지만, 그 구원이 이
땅에서 완성되기까지는 교회에 남은 고난이 있기 때문에 그 고
난을 우리가 져야 합니다.

"내가 이제 너희를 위하여 받는 괴로움을 기뻐하고 그리스도의
남은 고난을 그의 몸된 교회를 위하여 내 육체에 채우노라"(골
1:24).

"자녀이면 또한 후사 곧 하나님의 후사요 그리스도와 함께한 후
사니 우리가 그와 함께 영광을 받기 위하여 고난도 함께 받아야
될 것이니라"(롬 8:17).

몸은 승리의 확신을 가져야 한다

우리 몸은 이 땅에서 어렵고 힘든 싸움을 한다 할지라도 이미
그리스도께서 승리했기 때문에 승리의 확신을 가지고 살아야만
합니다.

"이것을 너희에게 이름은 너희로 내 안에서 평안을 누리게 하려
함이라 세상에서는 너희가 환난을 당하나 담대하라 내가 세상을
이기었노라 하시니라"(요 16:33).

몸은 영광의 날을 바라보아야 한다

몸은 이 땅에 살면서 때로는 고통 당하고 쇠폐하며 또 죽음을
당하지만 결국은 부활하여 영광의 몸을 입을 것이므로 그날을
바라보며 살아가야 됩니다. 그것이 승리와 능력의 비결입니다.

"또 미리 정하신 그들을 또한 부르시고 부르신 그들을 또한 의롭
다 하시고 의롭다 하신 그들을 또한 영화롭게 하셨느니라"(롬
8:30).

제 7 장

전도인의 언어훈련

- 복된 언어가

　사람을 바꾼다

결국 전도자의 영혼구원은 복음을 언어로 전파할 때 이루어지는 것입니다. 그러므로 우리는 복된 언어훈련을 해야만 하며, 이러한 언어훈련은 성령에 순응하여 훈련받을 때 이루어집니다. 좋은 언어는 환경과 사람을 복되게 바꾸며, 전도자가 복된 언어 훈련을 받을 때 실제 전도가 이루어집니다. 언어는 인간을 구원하고 환경을 바꾸는 신적 능력이 있습니다.

우리 속담에 "말이 씨가 된다"는 말이 있습니다. 이는 말이 그만큼 중요하고 또 우리가 하는 말 속에 신성이 들어 있다는 뜻입니다. 하나님의 창조의 역사도 말씀(λογος)으로 이루어졌습니다.

"하나님이 가라사대 빛이 있으라 하시매 빛이 있었고 그 빛이 하나님의 보시기에 좋았더라 하나님이 빛과 어두움을 나누사"(창 1:3-4).

또 인간을 구원하기 위하여 오신 예수님도 말씀이 육신이 되어서 우리에게 오신 것입니다.

"말씀이 육신이 되어 우리 가운데 거하시매 우리가 그 영광을 보니 아버지의 독생자의 영광이요 은혜와 진리가 충만하더라"(요 1:14).

그래서 성경에서 말씀은 태초부터 하나님과 함께 계셨고, 그 말씀 자체가 하나님이라고 하셨습니다.

> "태초에 말씀이 계시니라 이 말씀이 하나님과 함께 계셨으니 이 말씀은 곧 하나님이시니라 그가 태초에 하나님과 함께 계셨고"(요 1:1-2).

하나님께서는 인간을 하나님의 형상으로 창조하신 후에 인간에게만 말을 할 수 있는 언어를 주시고 창조의 말을 하게 하셨습니다.

> "여호와 하나님이 흙으로 각종 들짐승과 공중의 각종 새를 지으시고 아담이 어떻게 이름을 짓나 보시려고 그것들을 그에게로 이끌어 이르시니 아담이 각 생물을 일컫는 바가 곧 그 이름이라"(창 2:19).

인간을 구원하는 복음도 인간에게 주어진 언어로 전파할 때만 가능하게 됩니다.

> "그러면 무엇을 말하느뇨 말씀이 네게 가까와 네 입에 있으며 네 마음에 있다 하였으니 곧 우리가 전파하는 믿음의 말씀이라"(롬 10:8).

"그런즉 저희가 믿지 아니하는 이를 어찌 부르리요 듣지도 못한 이를 어찌 믿으리요 전파하는 자가 없이 어찌 들으리요"(롬 10:14).

여기서 결국 전도자의 영혼구원은 복음을 언어로 전파할 때 이루어짐을 알 수 있습니다. 그러므로 우리는 복된 언어훈련을 해야만 합니다.

언어는 마음(행동)을 다스린다

오늘날 모든 신경외과 의사들은 언어의 중추신경이 모든 신경을 지배한다고 합니다. 이 말은 언어가 인간의 모든 몸(행동)의 신경을 지배할 수 있다는 것입니다. 일본의 동경대 쓰노다 교수는 미국인은 창의력이 뛰어나고, 일본인은 모방력이 뛰어난 이유가 영어와 일본어의 차이에 있다고 하였습니다. 이처럼 언어가 인간의 삶(행동)을 지배하게 되는 것입니다.

이것은 성경에서도 우리에게 증명하고 있습니다.

"네 입의 말로 네가 얽혔으며 네 입의 말로 인하여 잡히게 되었느니라"(잠 6:2).

"우리가 말을 순종케 하려고 그 입에 재갈 먹여 온 몸을 어거하
며 또 배를 보라 그렇게 크고 광풍에 밀려가는 것들을 지극히 작
은 키로 사공의 뜻대로 운전하나니"(약 3:3-4).

본문은 우리의 몸과 행위가 커 보이지만 실제로 그것을 움직
이고 조정하는 것은 작은 혀(말)라는 것을 말하고 있습니다.

그런데, 여기서 언어는 행동을 지배하기 전에 그 사람의 마음
을 지배하게 된다는 것을 알 수 있습니다. 우리의 마음과 생각이
혼돈스럽고 어두울 때 우리가 의지적으로 긍정적이고 복된 말을
하게 되면 그 말과 함께 우리 마음과 생각이 빛이 나고 질서가
잡히게 됩니다.

"땅이 혼돈하고 공허하며 흑암이 깊음 위에 있고 하나님의 신은
수면에 운행하시니라 하나님이 가라사대 빛이 있으라 하시매 빛
이 있었고 그 빛이 하나님의 보시기에 좋았더라 하나님이 빛과
어두움을 나누사"(창 1:2-4).

땅이 혼돈하고 공허해서 흑암에 있을 때 하나님께서는 긍정
적인 말씀, 즉 "빛이 있으라"고 하셨습니다. 그 때 그 혼돈된 세
계가 빛과 어둠으로 나뉘어 조화의 세계, 보시기 좋은 세계로 바
뀌었습니다. 이처럼 언어가 먼저 그 마음을 지배하고 그 마음은
행동(삶)을 지배하게 되는 것입니다. 이 원리를 우리는 반드시

기억하고 훈련해야 됩니다.

> "그러므로 생명을 사랑하고 좋은 날 보기를 원하는 자는 혀를 금
> 하여 악한 말을 그치며 그 입술로 궤휼을 말하지 말고 악에서 떠
> 나 선을 행하고 화평을 구하여 이를 좇으라"(벧전 3:10).

그래서 우리는 늘 복된 말을 해서 우리의 마음을 밝고 긍정적으로 유지해야만 합니다. 또 복되고 긍정적인 말을 들어야 합니다.

> "그러므로 믿음은 들음에서 나며 들음은 그리스도의 말씀으로
> 말미암았느니라"(롬 10:17).

언어는 환경을 다스린다

말에는 신성이 있기 때문에 언제든지 창조의 능력이 있어 환경을 지배할 수 있다는 확신을 가져야 됩니다. 그러므로 누에가 자기에게서 나오는 실로 누에고치를 짓듯이 사람은 자기 입에서 나오는 말로 행복의 집도 짓고 불행의 집도 짓게 되는 것입니다. 이만큼 우리가 하는 언어 생활이 중요합니다.

일반적으로 인간이 하루에 사용하는 단어가 30,000 단어 정

도가 된다고 합니다. 그런데 보통 책 한 권이 쓰여질 때 20,000
단어 정도가 사용된다고 합니다. 그렇다고 한다면 우리는 매일
한 권의 책을 말로 쓰고 있다고 볼 수 있습니다. 우리가 쓰고 있
는 그 책이 과연 하나님 앞에서 복된 책일 것인가, 쓸모 없는 책
일 것인가를 생각해 볼 때, 놀라움과 충격이 아닐 수 없습니다.
날마다 쓰고 있는 그 책들이 우리의 운명을 좌우하고 있다는 사
실을 우리는 기억해야만 합니다.

> "사람은 입에서 나오는 열매로 하여 배가 부르게 되나니 곧 그
> 입술에서 나는 것으로 하여 만족하게 되느니라 죽고 사는 것이
> 혀의 권세에 달렸나니 혀를 쓰기 좋아하는 자는 그 열매를 먹으
> 리라"(잠 18:20-21).

> "우리가 다 실수가 많으니 만일 말에 실수가 없는 자면 곧 온전
> 한 사람이라 능히 온 몸도 굴레 씌우리라"(약 3:2).

그래서 우리가 복된 언어를 사용할 수 있는 능력만 있다면 사
막 같은 환경일지라도 천국 같은 축복의 환경으로 만들 수 있는
것입니다.

> "아브람이 롯에게 이르되 우리는 한 골육이라 나나 너나 내 목자
> 나 네 목자나 서로 다투게 말자 네 앞에 온 땅이 있지 아니하냐
> 나를 떠나라 네가 좌하면 나는 우하고 네가 우하면 나는 좌하리

라"(창 13:8-9).

아브라함은 참으로 복되고 아름다운 믿음의 말을 할 수 있는 자였습니다. 그러므로 조카 롯에게 모든 것을 양보하고도 나머지로 축복의 환경을 만들 수가 있었습니다. 아브라함이 복된 말을 할 수 있는 이유는 그가 하나님을 알고 체험하고 있었기 때문입니다.

> "기록된 바 내가 너를 많은 민족의 조상으로 세웠다 하심과 같으니 그의 믿은 바 하나님은 죽은 자를 살리시며 없는 것을 있는 것 같이 부르시는 이시니라"(롬 4:17).

문제는 인간이 복된 말(혀)을 갖고 있지 못하다는 데 있다

첫 인간 아담이 범죄한 이래 인간은 복된 말을 할 수 없었습니다. 이것이 인간의 불행의 요인이 되었습니다.

> "저희의 목구멍은 열린 무덤이요 그 혀로는 속임을 베풀며 그 입술에는 독사의 독이 있고 그 입에는 저주와 악독이 가득하고"(롬 3:13-14).

"혀는 곧 불이요 불의의 세계라 혀는 우리 지체 중에서 온 몸을 더럽히고 생의 바퀴를 불사르나니 그 사르는 것이 지옥 불에서 나느니라"(약 3:6).

이 말씀을 우리는 깊이 생각해 볼 필요가 있습니다. 우리의 혀가 우리에게 속해 있는 것이 아니라 불의의 세계, 즉 하나님의 세계가 아닌 악한 세계에 속해 있다는 것입니다. 그러므로 우리가 말을 조정하고 훈련받지 않으면 저절로 하나님이 원하시는 말보다는 원치 않는 말을 하게 됩니다. 그리고 그 말로 말미암아 우리의 몸을 더럽히고 우리의 생을 지옥 불로 태우는 결과가 오는 것입니다. 이 어찌 무서운 일이 아니겠습니까?

그러므로 전도자는 우선 우리의 혀를 불의의 세계, 사탄의 세계에서 거룩의 세계, 즉 하나님의 세계로 되찾아오는 일부터 해야만 됩니다. 여기서 심각한 것은 이 혀를 길들일 자가 없다는 것입니다.

"여러 종류의 짐승과 새며 벌레와 해물은 다 길들므로 사람에게 길들었거니와 혀는 능히 길들일 사람이 없나니 쉬지 아니하는 악이요 죽이는 독이 가득한 것이라"(약 3:7-8).

인간이 범죄함으로 하나님과 사람 사이에 의사소통이 단절됐기 때문에 복된 말을 할 수 없습니다. 그래서 인간은 복된 생명의 지식을 갖지 못하고 있습니다. 하나님 앞에 죄악된 진노와 저

주의 지식만 갖고 있기에 악한 말만 할 줄 알게 되는 것입니다. 그러므로 혀를 복되게 스스로 길들일 수 있는 자는 이 세상에 아무도 없습니다. 매우 불행한 일입니다.

그러나 우리 주님을 통한 복음전파로 우리의 언어가 복되게 고쳐질 수 있는 길이 열리게 되었습니다. 이것이 축복의 길입니다.

가장 복된 언어는 복음전파이다

그러면 인간의 혀를 누가 복되게 길들일 수 있겠습니까? 말씀 자체인 하나님만이 인간의 언어를 복되게 고치고, 성령의 역사만이 혀를 길들일 수 있습니다. 성경을 보면 인간이 하나님께 순종하지 않고 대적하고 바벨탑을 쌓을 때, 하나님은 인간의 언어를 혼잡케 해서 심판하신 것을 볼 수 있습니다.

"자, 우리가 내려가서 거기서 그들의 언어를 혼잡케 하여 그들로 서로 알아듣지 못하게 하자 하시고"(창 11:7).

어떻게 보면 이것은 인간에 대한 가장 큰 하나님의 심판이자 진노일 수 있습니다. 그러나 신약에 와서 예수 그리스도를 통한 그리스도의 구속 사역을 이루시고, 그 복음을 믿는 자에게 언어를 회복시켜 주셨습니다.

> "저희가 다 성령의 충만함을 받고 성령이 말하게 하심을 따라 다른 방언으로 말하기를 시작하니라"(행 2:4).

> "다 놀라 기이히 여겨 이르되 보라 이 말하는 사람이 다 갈릴리 사람이 아니냐 우리가 우리 각 사람의 난 곳 방언으로 듣게 되는 것이 어찜이뇨"(행 2:7-8).

그러므로 여기서 방언(Tongues)은 혼잡된 언어가 복된 언어로 회복된 것의 상징이요, 하나님과 의사소통이 이루어진 것을 나타낸 것입니다. 구원 받아서 성령 충만할 때 우리는 하나님의 복된 지식, 행복한 지식을 갖게 됩니다. 그리고 복된 언어를 사용할 수 있는 능력이 생깁니다. 이것이 복음입니다. 이처럼 복음은 사람을 복되게 하고 행복할 수 있도록 구원하는 능력을 갖고 있습니다.

> "또 가라사대 너희는 온 천하에 다니며 만민에게 복음을 전파하라 믿고 세례를 받는 사람은 구원을 얻을 것이요 믿지 않는 사람은 정죄를 받으리라 믿는 자들에게는 이런 표적이 따르리니 곧 저희가 내 이름으로 귀신을 쫓아내며 새 방언을 말하며 뱀을 집으며 무슨 독을 마실지라도 해를 받지 아니하며 병든 사람에게 손을 얹은즉 나으리라 하시더라"(막 16:15-18).

그래서 이 복음을 전할 때 우리 언어가 복되게 고쳐지고 훈련 받으며 또 이 복음을 듣는 자는 구원받게 되는 것입니다.

실제 언어훈련은 성령에 순응하여 훈련받을 때 이루어진다

믿음의 말을 해야 한다

이 세상에는 말이 많습니다. 그러나 말을 아무리 많이 들어도 우리에게 해로울 뿐 유익이 없을 때가 많습니다. 그러나 하나님 말씀은 들으면 들을수록 우리를 믿음에 세우고 구원에 이르게 하는 것입니다. 그래서 우리는 하나님 말씀을 확신하고 인정하고 시인하여 전해야 됩니다.

> "만물의 피곤함을 사람이 말로 다 할 수 없나니 눈은 보아도 족함이 없고 귀는 들어도 차지 아니하는도다"(전 1:8).

> "사람이 마음으로 믿어 의에 이르고 입으로 시인하여 구원에 이르느니라"(롬 10:10).

따라서 전도자는 어떠한 경우에도 믿음의 말을 하려고 노력해야 됩니다.

"여호와여 내 입 앞에 파숫군을 세우시고 내 입술의 문을 지키소서"(시 141:3).

기도해야 한다

하나님께 우리가 간구할 때 하나님의 뜻을 알게 되고 복된 말을 할 수 있습니다.

"주 여호와께서는 자기의 비밀을 그 종 선지자들에게 보이지 아니하시고는 결코 행하심이 없으시리라"(암 3:7-8).

기도할 때 하나님의 뜻을 알 수 있고, 또 하나님의 뜻에 맞는 믿음의 말을 함으로써 영혼을 구원할 수 있는 것입니다.

"저희가 사도의 가르침을 받아 서로 교제하며 떡을 떼며 기도하기를 전혀 힘쓰니라"(행 2:42).

"그 말을 받는 사람들은 세례를 받으매 이 날에 제자의 수가 삼천이나 더하더라"(행 2:41).

이처럼 기도를 통한 믿음의 말은 역사를 일으킬 수 있는 것입니다.

환경을 거부하는 말을 해야 한다

우리가 살아가면서 부정적이고 어려운 환경이 다가온다 할지라도 그 환경을 바탕으로 한 예측을 뛰어넘는 반대의 말, 즉 환경을 거부할 줄 아는 말을 해야만 됩니다. 이렇게 될 때 하나님의 기적의 역사는 일어날 수 있는 것입니다.

"예수께서 이르시되 할 수 있거든이 무슨 말이냐 믿는 자에게는 능치 못할 일이 없느니라 하시니"(막 9:23).

우리에게 다가오는 환경은 그림자 같은 것이요, 믿음의 눈으로 바라본다면 언제든지 바뀔 수 있는 허구적인 것입니다. 믿는 자는 이것을 확신하고 영원한 실제이신 주님을 의지하며 복된 믿음의 명령의 말을 할 수 있어야만 합니다.

"내가 진실로 너희에게 이르노니 누구든지 이 산더러 들리어 바다에 던지우라 하며 그 말하는 것이 이룰 줄 믿고 마음에 의심치 아니하면 그대로 되리라"(막 11:23).

타인을 칭찬하며 자신을 긍정하는 말을 할 수 있어야 한다

우리는 타인을 칭찬할 때 나 자신이 긍정적으로 변한다는 사실을 이해해야만 합니다. 그리고 자신의 현실을 격려하고 긍정할 수 있어야 됩니다.

　미국의 전도자 빌 글라드는 이런 말을 하였습니다. 미국 어떤 교도소의 재소자 90%가 부모로부터 "너같은 녀석은 결국 교도소에 갈거야" 하는 소리를 들었다는 것입니다. 또, 괴테는 "인간은 보이는 대로 대접하면 결국 그보다 못한 자를 만들지만, 잠재력 대로 대우하면 그보다 큰 자가 된다"라고 했습니다. 복된 전도자가 되려면 타인을 칭찬할 줄 알며 자신을 긍정할 수 있어야 합니다. 그래야 전도가 가능합니다.

"네 이웃을 네 몸과 같이 사랑하라 하셨으니"(마 22:39).

적극적이고 긍정적이며, 소망적인 말, 축복의 말을 습관화해야 한다

　전도자의 언어훈련에 있어서 우리는 긍정적이고 소망적인 축복의 말을 습관화해야 합니다. 아침 일찍 일어나서 제일 먼저 하나님께 감사와 찬양으로 영광을 돌리는 말부터 시작하는 것이 중요합니다. 하루하루를 "오늘은 하나님이 크게 역사하실 것 같아", "오늘은 하나님이 큰 축복을 주실 거야", "오늘은 하나님이 큰 은혜를 허락하시겠지", '오늘은 반드시 승리할 것이다"라는 말로 시작해 보십시오.

"큰 소리 나는 제금으로 찬양하며 높은 소리 나는 제금으로 찬양

할지어다 호흡이 있는 자마다 여호와를 찬양할지어다 할렐루야"
(시 150:5-6).

또 이런 복되고 긍정적인 말을 습관화하는 것이 중요합니다. 서양 사람의 인사 "God bless you"는 좋은 인사법입니다.

'나는 복 받는 사람이다', '나로 인하여 다른 사람이 복을 받게 된다', '나는 하나님께 사랑을 받는 자이다', '하나님은 우리 교회를 축복하신다', '나는 훌륭한 전도자가 될 수 있다' 라고 말해 봅시다.

"나의 반석이시요 나의 구속자이신 여호와여 내 입의 말과 마음의 묵상이 주의 앞에 열납되기를 원하나이다"(시 19:14).

전도인의 언어훈련

제8장

전도인의 생각훈련

- 하나님 중심으로 생각하라

하나님의 복된 역사도 인간의 생각에 의하여 크게 좌우됩니다. 그러므로 인간은 축복을 받으려면 복된 생각을 가져야 되며, 그 생각을 가지도록 훈련을 해야 됩니다. 전도인의 경우 더욱 그러합니다. 복된 생각을 갖지 않으면 전도의 효과가 없습니다. 그래서 전도인은 늘 복된 하나님의 생각으로 충만해야 합니다.

생각이 중요하다

어떤 사람이 되느냐 하는 것은 어떤 생각을 갖고 있느냐에 따라 좌우됩니다.

"대저 그 마음의 생각이 어떠하면 그 위인도 그러한즉 그가 너더러 먹고 마시라 할지라도 그 마음은 너와 함께 하지 아니함이라" (잠 23:7).

그래서 파스칼은 "인간은 생각하는 갈대"라고 말했고 철학자 데카르트는 "나는 생각한다 고로 존재한다"고도 말했습니다. 그러므로 인생은 그가 어떤 생각을 하느냐에 따라 달라질 수 있습니다. 생각에 따라 삶의 질이 결정되는 것입니다.

신앙생활에 있어서도 생각이 아주 중요합니다. 왜냐하면 하나님은 우리 생각과 함께 깊은 관계를 갖고 있기 때문입니다.

"이와같이 성령도 우리 연약함을 도우시나니 우리가 마땅히 빌 바를 알지 못하나 오직 성령이 말할 수 없는 탄식으로 우리를 위하여 친히 간구하시느니라"(롬 8:26).

"땅이여 들으라 내가 이 백성에게 재앙을 내리리니 이것이 그들의 생각의 결과라 그들이 내 말을 듣지 아니하며 내 법을 버렸음이니라"(렘 6:19).

이 말씀으로 이스라엘 백성들이 하나님 앞에 심판을 받은 원인이 무엇인지 알 수 있습니다. 하나님 앞에서 나쁜 생각을 했기 때문에 그 결과로 재앙이 온 것입니다. 그러므로 인간의 생각은 자신에게 재앙을 가져올 수 있는 것임을 알 수 있습니다.

욥의 경우도 마찬가지입니다. 욥의 생각이 욥의 불행에 많은 영향을 미친 것을 알 수 있습니다.

"나의 두려워하는 그것이 내게 임하고 나의 무서워하는 그것이 내 몸에 미쳤구나"(욥 3:25).

그러나 반대로 하나님의 복된 역사도 인간의 생각에 의하여 크게 좌우된다는 것을 알 수 있습니다.

"우리 가운데서 역사하시는 능력대로 우리의 온갖 구하는 것이나 생각하는 것에 더 넘치도록 능히 하실 이에게"(엡 3:20).

그러므로 인간은 축복을 받으려면 복된 생각을 가지려고 노력해야 되며, 그 생각에 대하여 훈련을 해야 합니다. 전도인의 경우 더욱 그러하며 복된 생각을 갖지 않으면 전도의 효과가 없습니다.

이제 어떻게 하면 복된 생각을 가질 수 있는가 하는 것을 알기 위해 생각과 관련된 여러 부분을 고찰해 보기로 하겠습니다.

생각과 믿음의 관계

인간은 누구나 여러 가지 믿음을 갖고 살아갑니다. 하나님을 믿지 않는다고 해서 믿음이 없다고 볼 수는 없습니다. 불신자라고 해도 나름대로의 믿음은 있는 것입니다. 그러나 그 믿음이 복된 믿음이 아니기 때문에 문제인 것입니다.

예를 들어 작은 가게를 하나 운영한다 할지라도 그것이 잘 된다는 믿음이 없다면 처음부터 시작하지 않을 것입니다. 나름대로 된다는 확신과 믿음에서 시작하는 것입니다. 이처럼 모든 인간은 이 세상을 살면서 믿음을 갖고 살아가게 됩니다. 믿음이 없다면 단 한 순간도 살 수 없는 것입니다.

우리가 세상 사람을 불신자라고 말하는 것은 성경 속에서 말하는 하나님에 대한 복된 믿음이 없다는 뜻입니다. 우리가 말하는 복된 믿음은 하나님을 믿는 믿음이며, 말씀에 대한 확신을 말하는 것이고, 주님에 대한 인격적인 의지와 영접을 말하는 것입니다. 이 믿음을 갖게 될 때 구원을 받고 은혜와 축복과 능력이 임하게 됩니다. 이 믿음은 인간의 힘으로 되는 것이 아니라 하나님의 선물로, 은혜로 우리에게 주어지는 것입니다. 이것이 큰 축복입니다.

"예수께서 이르시되 할 수 있거든이 무슨 말이냐 믿는 자에게는 능치 못할 일이 없느니라 하시니"(막 9:23).

"내게 능력 주시는 자 안에서 내가 모든 것을 할 수 있느니라"(빌 4:13).

그러나 이 믿음을 분석해 보면 이것이 하나님의 말씀에 근거하고 있음을 알 수 있습니다. 그 말씀을 통하여 우리는 하나님의 인격을 알게 되고 그 인격과 능력을 의지하게 됩니다.

"그러므로 믿음은 들음에서 나며 들음은 그리스도의 말씀으로 말미암았느니라"(롬 10:17).

여기 나오는 하나님의 말씀은 하나님의 생각의 표현으로 볼 수 있습니다. 말씀으로 나타나기 이전에 먼저 하나님이 생각하시기 때문입니다.

"하나님이 가라사대 빛이 있으라 하시매 빛이 있었고 그 빛이 하나님의 보시기에 좋았더라 하나님이 빛과 어두움을 나누사"(창 1:3-4).

그러므로 우리가 이 말씀을 믿는다고 할 때 어떻게 믿어지는가를 생각해 보아야 합니다. 그것은 하나님의 생각과 우리 생각이 같아질 때, 하나님의 생각을 우리가 소유할 때 하나님을 믿게 되고 이럴 때만 의심 없이 이 말씀을 믿게 되는 것입니다.

"예수께서 대답하여 저희에게 이르시되 하나님을 믿으라 내가 진실로 너희에게 이르노니 누구든지 이 산더러 들리어 바다에 던지우라 하며 그 말하는 것이 이룰 줄 믿고 마음에 의심치 아니하면 그대로 되리라"(막 11:22-23).

이 말씀에서 "하나님을 믿으라"고 하는 말이 나오는데, 이 말은 하나님의 믿음을 소유하라는 뜻입니다. 하나님의 믿음을 소유하기 위해서는 하나님이 갖고 있는 생각과 내가 갖고 있는 생각을 일치시켜야 됩니다. 이럴 때 이 산을 들어 바다에 던진다고 해도 의심하지 않게 되는 믿음이 생기며, 이런 믿음만이 하나님의 역사를 일으키는 것입니다. 결국 우리의 생각이 믿음의 뿌리를 이루고 있다고 볼 수 있습니다.

생각과 성령의 관계

전도자에 있어서 하나님의 임재와 능력과 축복은 필수적이
며, 그것은 모두 성령에 의해서 이루어집니다. 그러나 성령께 순
종하지 않으면 그런 하나님의 역사를 체험하지 못하게 됩니다.
그래서 철저하게 성령의 인도하심을 받아야 합니다.

> "주의 사자가 빌립더러 일러 가로되 일어나서 남으로 향하여 예
> 루살렘에서 가사로 내려가는 길까지 가라 하니 그 길은 광야라"
> (행 8:26).

> "성령이 빌립더러 이르시되 이 병거로 가까이 나아가라 하시거
> 늘"(행 8:29).

> "성령이 아시아에서 말씀을 전하지 못하게 하시거늘 브루기아와
> 갈라디아 땅으로 다녀가 무시아 앞에 이르러 비두니아로 가고자
> 애쓰되 예수의 영이 허락지 아니하시는지라"(행 16:6-7).

이 말씀에 드러난 것처럼 전도도 성령의 전적인 인도함을 받
아야 승리할 수 있습니다. 그러므로 어떻게 성령의 인도함을 받
는가가 중요하며 그것은 믿는 자의 생각에 크게 좌우됩니다. 어
떻게 보면 믿는 자의 생각은 성령의 지시판이 됩니다.

"우리 가운데서 역사하시는 능력대로 우리의 온갖 구하는 것이
나 생각하는 것에 더 넘치도록 능히 하실 이에게"(엡 3:20).

그래서 우리가 성공적인 전도나 복된 생각을 하려면 우리 생
각이 성령의 생각을 좇아가야 됩니다.

"육신의 생각은 사망이요 영의 생각은 생명과 평안이니라 육신
의 생각은 하나님과 원수가 되나니 이는 하나님의 법에 굴복치
아니할 뿐 아니라 할 수도 없음이라"(롬 8:6-7).

그래서 우리 생각을 성령의 생각에 일치시키는 기도 생활은
우리의 영적 생활의 승리의 관건이 되는 것입니다.

생각은 훈련하고 조정해야 된다

마음의 생각은 끊임없이 조정하고 다스려야 됩니다. 내버려
두면 언제나 나쁜 방향으로 흘러가기 때문입니다. 자동차를 운
전하는 자가 핸들을 놓으면 잠깐은 운행할 수 있겠지만, 그것은
참으로 위험한 일일 것입니다. 그렇듯이 우리는 마음의 생각을
끊임없이 조정하고 훈련해야만 됩니다.

"무릇 지킬 만한 것보다 더욱 네 마음을 지키라 생명의 근원이

우리의 마음을 방치하면 금방 더러워져서 쓰레기통처럼 되어 버리고 맙니다. 아인슈타인 박사는 "나쁜 사고를 몰아 내려면 열한 배 이상의 좋은 생각을 해야 한다"고 했습니다. 이처럼 우리의 생각은 한 번 나빠지면 고치기가 어려워집니다. 그러므로 우리는 늘 우리 생각을 지키고 훈련해야 됩니다.

중국의 니토생 목사는 "머리 위로 새가 날아가는 것을 막을 수 없지만, 머리 위에 둥우리를 트는 것은 막을 수 있다"고 했습니다. 우리의 머릿속에 나쁜 생각이 지나가는 것은 막을 수 없지만 그 나쁜 생각이 머물러 있지 못하게 해야만 하며, 더 적극적인 방법으로는 우리 마음속이 좋은 생각으로 충만해지도록 해야 합니다.

"지혜로운 자의 마음은 그 입을 슬기롭게 하고 또 그 입술에 지식을 더하느니라 선한 말은 꿀송이 같아서 마음에 달고 뼈에 양약이 되느니라"(잠 16:23-24).

이제 구체적으로 우리 생각을 훈련하는 방법에 대해 생각해 보겠습니다.

절대 하나님 중심의 생각을 해야 한다

전도자는 어떠한 경우에도, 또는 평범한 삶 속에서도 하나님 중심의 생각을 하는 삶을 살아야 합니다. 이것이 대단히 중요합니다. 우리의 일상생활 속에서 하나님의 역사를 체험할 때 우리는 큰 일을 할 수 있기 때문입니다.

"그런즉 너희가 먹든지 마시든지 무엇을 하든지 다 하나님의 영광을 위하여 하라"(고전 10:31).

"너희는 먼저 그의 나라와 그의 의를 구하라 그리하면 이 모든 것을 너희에게 더하시리라"(마 6:33).

우리가 작은 일을 하더라도 그 목적이 하나님을 위하게 될 때, 놀라운 은혜와 축복을 체험하게 되며 승리의 삶을 살 수 있게 되는 것입니다.

그러나 사탄은 간교하게 우리의 삶을 속이고 있습니다. 우리가 하나님을 위하고자 하는 생각 속에 있을지라도 자칫하면 사탄에게 속아서 넘어질 수 있는 것입니다.

"예수께서 돌이키시며 베드로에게 이르시되 사단아 내 뒤로 물러가라 너는 나를 넘어지게 하는 자로다 네가 하나님의 일을 생

각지 아니하고 도리어 사람의 일을 생각하는도다 하시고"(마
16:23).

여기서 베드로는 어느 면으로 봐도 예수님을 위해서 한 말임
이 분명해 보입니다. 그렇지만 그는 하나님의 일보다는 자기 일
을 먼저 생각했습니다. 이런 실수는 평소에 작은 일 속에서 우리
가 하나님 중심의 생각을 하는 훈련으로 이길 수 있습니다.

긍정적인 생각을 해야 한다

전도자가 승리하려면 하나님의 생각과 일치해야 되는데, 하
나님께서는 절대적 긍정의 생각을 갖고 계십니다.

"나 여호와가 말하노라 너희를 향한 나의 생각은 내가 아나니 재
앙이 아니라 곧 평안이요 너희 장래에 소망을 주려 하는 생각이
라"(렘 29:11).

"하나님은 미쁘시니라 우리가 너희에게 한 말은 예 하고 아니라
함이 없노라 우리 곧 나와 실루아노와 디모데로 말미암아 너희
가운데 전파된 하나님의 아들 예수 그리스도는 예 하고 아니라
함이 되지 아니하였으니 저에게는 예만 되었느니라 하나님의 약
속은 얼마든지 그리스도 안에서 예가 되니 그런즉 그로 말미암
아 우리가 아멘 하여 하나님께 영광을 돌리게 되느니라"(고후

1:18-20).

따라서 전도자는 하나님이 절대적 긍정의 사고를 갖고 계신 분임을 알아야 합니다. 우리는 우리 생각 속에 있는 부정적 요소를 제거하고, 긍정적 사고가 있도록 훈련해야 됩니다. 그래야 죄인을 용서하여 의인을 만드시고 지옥 갈 자를 구원하여 천국으로 인도하는 하나님 마음을 이해할 수 있으며, 이 생각을 가져야 전도자가 될 수 있습니다.

예수님께서는 죄 많은 삭개오가 구원받고자 뽕나무에 올라가 예수님을 바라볼 때 이렇게 말씀하셨습니다.

> "예수께서 이르시되 오늘 구원이 이 집에 이르렀으니 이 사람도 아브라함의 자손임이로다"(눅 19:9).

여기에서 예수님은 삭개오에 대하여 아무 조건도 말씀하시지 않으시고 그냥 주님께 나온 그 자체만을 보시고 구원시켜 주셨습니다. 이것이 하나님의 긍정적 생각입니다.

사랑의 생각을 해야 한다

우리는 하나님의 가장 중심적인 생각인 사랑의 생각을 가지려고 노력하고 훈련해야만 합니다. 사랑은 하나님의 가장 본질적인 사고입니다.

"사랑하는 자들아 우리가 서로 사랑하자 사랑은 하나님께 속한 것이니 사랑하는 자마다 하나님께로 나서 하나님을 알고 사랑하지 아니하는 자는 하나님을 알지 못하나니 이는 하나님은 사랑이심이라"(요일 4:7-8).

여기서 우리가 잘 속는 부분이 있습니다. 우리가 남을 사랑한다든지 사랑해야 되는 생각을 갖는 것은 하나의 율법이나 도덕적 문제가 아니라는 사실입니다. 만약 우리가 사랑하지 않는다면 우리는 어둠에 빠져 결국은 실패할 수밖에 없으며 이것은 죽느냐 사느냐의 생명의 문제라는 것입니다. 그래서 우리는 사랑을 알아야 되고 배워야 됩니다.

"그의 형제를 사랑하는 자는 빛 가운데 거하여 자기 속에 거리낌이 없으나 그의 형제를 미워하는 자는 어두운 가운데 있고 또 어두운 가운데 행하며 갈 곳을 알지 못하나니 이는 어두움이 그의 눈을 멀게 하였음이니라"(요일 2:10-11).

그러므로 전도자는 항상 어떤 경우라도, 비록 손해가 될지라도 다른 사람을 사랑하는 마음을 가지고 대해야 하며, 그럴 때 결국은 그것이 사람을 구원할 뿐 아니라 승리의 삶을 살게 합니다.

거룩한 생각을 해야 한다

전도자가 하나님과 동행하며 전도의 열매있는 삶을 살려면 항상 거룩한 생각을 가져야만 합니다. 하나님은 거룩하신 분이기 때문입니다.

> "기록하였으되 내가 거룩하니 너희도 거룩할지어다 하셨느니라"(벧전 1:16).

> "모든 사람으로 더불어 화평함과 거룩함을 좇으라 이것이 없이는 아무도 주를 보지 못하리라"(히 12:14).

그래서 전도자는 어떤 경우에도 늘 깨끗하고 구별되며 영원한 천국의 소망을 둔 거룩함으로 무장된 생각을 갖고 나가야만 흑암의 세력을 이길 수 있습니다.

현실적으로 가능한 생각을 해야 한다

우리가 현실 속에서 믿음을 갖고 일을 처리해 나갈 때, 어떤 사고를 가지고 하느냐가 대단히 중요합니다. 어떤 사람들은 무조건 믿음이 있으면 다 된다고 생각을 하고 있지만 사실은 그렇지 않습니다. 우리는 하나님이 우리와 같은 인격을 갖고 계신 분이며, 우리가 갖고 있는 믿음의 분량도 알고 계신다는 것을 이해해야만 합니다.

우리에게 주어진 것들이 반드시 이루어지고 승리한다는 믿음
과 확신을 갖는 것은 중요하지만, 현실적으로 그것이 어떤 과정
을 통해 이루어질지 생각해나가는 훈련이 필요합니다. 이것이
하나님과 동행하는 비결입니다.

즉, 믿음만 있다면 어떤 어려운 상황이 온다 할지라도 그 상
황 속에서 가능한 길을 찾아 나가게 되고 결국은 다 할 수 있으
며 승리할 수 있게 되는 것입니다.

따라서, 목표는 믿음으로 크고 분명하게 가져야 하지만 실행
은 가능한 생각부터 착실하고 성실하게 행할 때 하나님과 함께
하는 것입니다.

제 9 장

전도인의 자화상훈련

- 하나님의 형상인
자신을 바라보라

그리스도인은 하나님 안에서 신분이 바뀐 자이며 마귀의 자식에서 하나님의 자녀로 거듭난 사람들입니다. 그 축복 받은 신분에 대한 확신이 있어야 하며 그것이 그리스도인의 자화상입니다. 전도인은 그 복된 자화상을 갖고 있어야 합니다. 즉 하나님의 형상으로 회복된 자화상을 소유한 자만이 전도의 능력이 임합니다.

전도인은 복된 자화상을 갖고 있어야 합니다. 남이 나를 보는 것도 중요하지만 내가 나를 바라보는 것이 더욱 중요합니다. 이를 자화상(Self image)이라 합니다. 인간은 누구나 자기의 자화상에 따라 행동하게 됩니다. 긍정적 자화상을 갖고 있는 사람은 인생을 긍정적으로 살지만 부정적 자화상을 갖고 있는 사람은 인생을 비판적으로 보기 때문에 결국은 불행하게 됩니다. 그리스도인은 어떤 면에서 보면 가장 부정적인 사람이 가장 긍정적인 사람으로 바뀐 자들입니다.

"너희의 허물과 죄로 죽었던 너희를 살리셨도다"(엡 2:1).

"다른 이들과 같이 본질상 진노의 자녀이었더니"(엡 2:3).

"긍휼에 풍성하신 하나님이 우리를 사랑하신 그 큰 사랑을 인하여 허물로 죽은 우리를 그리스도와 함께 살리셨고(너희가 은혜

그리스도인은 하나님 안에서 신분이 바뀐 자이며 마귀의 자식에서 하나님의 자녀로 거듭난 사람들입니다. 그러므로 그리스도인은 하나님의 아들이 십자가에서 죽어야 했을 정도로 흉악한 죄인이었지만, 하나님의 은혜로 말미암아 살아난 소중한 사람들입니다. 그 축복 받은 신분에 대한 확신이 있어야 하며 그것이 그리스도인의 자화상입니다.

복된 자화상의 필요성을 인식해야 한다

인간은 자기의 자화상이라는 안경으로 세상을 보고 다른 사람을 바라보게 됩니다.

우리가 구원을 받았다면, 하나님 앞에서 가장 귀중하고 아름답고 유일한 창조품이라는 자화상을 갖고 있어야 합니다.

심리학자 에리히 프롬은 "이기심(자기중심)과 자기소중성(자기사랑)은 스펙트럼의 양극처럼 다르다"라고 했습니다. 이기심(자기중심)은 자기 사랑의 결과가 아닌 부정적 자화상의 결과로서 비관주의의 산물이라고 볼 수 있습니다. 그러나 자기소중성, 자기귀중성을 가진 사람은 자기를 사랑하게 되고 또한 남을 사랑할 수 있어서 남의 귀중함을 알게 됩니다. 그런 자만이 영혼을 구원하는 전도를 하게 되며 이런 자들이 귀한 것입니다.

> "너희가 만일 경에 기록한 대로 네 이웃 사랑하기를 네 몸과 같
> 이 하라 하신 최고한 법을 지키면 잘하는 것이거니와"(약 2:8).

자기의 긍정적 자화상을 소유할 때 자기도 사랑하고 남도 사
랑하게 되는 것입니다. '네 이웃 사랑하기를 네 몸같이' 라는 말
에는 우선 내 몸을 사랑할 줄 알아야 남도 사랑하게 된다는 뜻이
숨어 있습니다. 나를 소중히 하지 못하고 긍정적으로 바라보지
못하는데 어떻게 남을 사랑하고 긍정할 수 있겠습니까? 자기사
랑과 이웃사랑은 동전의 양면과 같은 것입니다. 남을 사랑하라
는 최고의 계명도 나의 복된 자화상의 결과라는 사실을 우리는
분명히 인식해야만 합니다.

우리들의 문제는 병든 자화상에 있다

실제 우리들의 문제는 우리가 병든 자화상을 갖고 있다는 데
있습니다. 즉 우리가 부정적 자화상을 갖고 있기 때문에 우리 스
스로 하나님의 은혜와 축복을 가로막고 있는 결과를 가져오고
있는 것입니다.

> "나다나엘이 가로되 나사렛에서 무슨 선한 것이 날 수 있느냐 빌
> 립이 가로되 와 보라 하니라"(요 1:46).

나다나엘은 진실한 자였지만 부정적인 자화상을 갖고 있었다는 것을 본문에서 볼 수 있습니다. 그의 부정적인 자화상이 자신의 구원을 가로막고 있는 것입니다.

> "예수께서 나다나엘이 자기에게 오는 것을 보시고 그를 가리켜 가라사대 보라 이는 참 이스라엘 사람이라 그 속에 간사한 것이 없도다"(요 1:47).

나다나엘은 거룩한 사람이었지만 평소에 구약에 나오는 야곱(이스라엘)의 간사함을 못마땅하게 생각했습니다. 왜 하나님은 야곱 같은 자에게 축복하셨을까 하는 생각을 하면서 하나님에 대하여 부정적 사고를 갖고 있었습니다.

예수님께서는 그의 자화상을 긍정적으로 고쳐주셨습니다. "너는 간사함이 전혀 없는 참 이스라엘인"이라고 말해 주신 것입니다. 이 때 나다나엘 속에 어두움은 사라졌고 그 후 나다나엘은 예수님의 제자가 되어 훌륭한 전도자가 될 수 있었던 것입니다.

부정적 자화상을 가진 사람은 자신을 비관하고 세상을 부정적으로 보기 때문에 결과적으로 하나님까지도 부정하게 됩니다. 그러므로 이 병든 자화상을 우리는 고쳐야 됩니다.

이 부정적 자화상을 고치기 위해서 부정적인 자화상을 갖게 되는 원인이 무엇인지 살펴보도록 하겠습니다.

비교의식

우리는 다른 사람과 비교하면서 살아오는 데 너무 익숙해져 있습니다. 그래서 늘 열등의식에 사로잡히거나 교만한 마음에 붙들려 있습니다. 그러나 이것들은 모두 우리 마음을 부정적 자화상으로 만들게 하고 마귀, 사탄의 공격 목표가 되게 합니다.

> "거기서 또 네피림 후손 아낙 자손 대장부들을 보았나니 우리는 스스로 보기에도 메뚜기 같으니 그들의 보기에도 그와 같았을 것이니라"(민 13:33).

우리가 여기서 속고 있는 부분이 있습니다. 우리는 하나님이 인간을 창조하실 때 어느 누구와도 서로 비교하거나 경쟁하도록 만들지 않았다는 사실을 알아야 됩니다. 하나님께서는 우리 모두를 서로 돕는 자로 만드셨습니다. 그러므로 우리는 서로를 위대하고 귀한 자로 바라보아야 합니다.

세상의 모든 교육과 문화, 철학은 비교와 경쟁하도록 되어 있는데 이것은 하나님의 방법이 아닙니다. 그래서 세상을 바라보면 누구나 부정적 자아상을 갖게 되어 실패하는 삶을 살 수밖에 없습니다. 그러므로 우리는 세상에 대하여 소망을 두지 말아야 하는 것입니다.

빈곤의식

우리가 하나님 없이 혼자 힘으로 무엇을 해보려고 하면 할 수
록 우리 속에는 빈곤의식이 커져 가며 이것이 우리를 부정적으
로 만들어 가게 됩니다.

"저가 가로되 당신의 하나님 여호와의 사심을 가리켜 맹세하노
니 나는 떡이 없고 다만 통에 가루 한 움큼과 병에 기름 조금 뿐
이라 내가 나무가지 두엇을 주워다가 나와 내 아들을 위하여 음
식을 만들어 먹고 그 후에는 죽으리라"(왕상 17:12).

이 과부의 의식 속에는 결국 열심히 일하고 죽는다는 생각이
있었습니다.
그러나 반면에 엘리야의 사고에는 긍정적이고 복된 자화상이
있습니다.

"엘리야가 저에게 이르되 두려워 말고 가서 네 말대로 하려니와
먼저 그것으로 나를 위하여 작은 떡 하나를 만들어 내게로 가져
오고 그 후에 너와 네 아들을 위하여 만들라 이스라엘 하나님 여
호와의 말씀이 나 여호와가 비를 지면에 내리는 날까지 그 통의
가루는 다하지 아니하고 그 병의 기름은 없어지지 아니하리라
하셨느니라"(왕상 17:13-14).

세속의식

인간은 영이 있는 거룩한 존재입니다. 그러나 거룩한 영적세계, 영적 양식을 구하지 않고 세속적인 것, 세상적인 것, 물질적인 것에 탐닉하면 부정적 자아가 형성됩니다.

"심중에 생각하여 가로되 내가 곡식 쌓아 둘 곳이 없으니 어찌할꼬 하고 또 가로되 내가 이렇게 하리라 내 곡간을 헐고 더 크게 짓고 내 모든 곡식과 물건을 거기 쌓아 두리라"(눅 12:17-18).

"저희에게 이르시되 삼가 모든 탐심을 물리치라 사람의 생명이 그 소유의 넉넉한 데 있지 아니하니라 하시고"(눅 12:15).

그러므로 인간은 늘 이 땅에 살면서도 천국을 바라보며 살아야 되며, 육의 양식도 필요하지만 영적인 신령한 양식으로 충만함을 누려야 됩니다.

"술 취하지 말라 이는 방탕한 것이니 오직 성령의 충만을 받으라"(엡 5:18).

실패의식

전도자가 되려면 실패의식을 극복해야 됩니다. 마귀는 한 번 실패하면 그것에 붙들리게 하여 다음에 빛을 보지 못하게 합니다.

"귀신이 어디서든지 저를 잡으면 거꾸러져 거품을 흘리며 이를 갈며 그리고 파리하여 가는지라 내가 선생의 제자들에게 내어 쫓아 달라 하였으나 저희가 능히 하지 못하더이다"(막 9:18).

그러므로 예수 안에 있는 자는 언제든지 우리가 싸우는 싸움이 이긴 싸움이라는 승리의 확신을 가져야 합니다. 그리고 주님께 믿음을 구해야 합니다.

"우리를 불쌍히 여기사 도와 주옵소서"(막 9:22).

"예수께서 이르시되 할 수 있거든이 무슨 말이냐 믿는 자에게는 능치 못할 일이 없느니라 하시니"(막 9:23).

십자가를 경험하라

이제 우리의 부정적 자화상을 실제로 치료하는 방법을 생각해 보겠습니다. 우리는 주님과 함께 우리의 옛사람을 십자가에서 못박아 믿음으로 처리해야만 합니다.

"우리가 알거니와 우리 옛 사람이 예수와 함께 십자가에 못 박힌 것은 죄의 몸이 멸하여 다시는 우리가 죄에게 종 노릇하지 아니하려 함이니"(롬 6:6).

다음 공란에 나의 부정적 자화상을 이루는 요소를 정직하게 적어봅시다.

① ____
② ____
③ ____
④ ____
⑤ ____
⑥ ____
⑦ ____
⑧ ____
⑨ ____
⑩ ____

이제 기도와 말씀을 묵상하는 가운데 이 병든 내 자화상이 십자가에서 주님과 함께 못 박힌 모습이 보일 때까지 믿고 묵상하며 기도하십시오.

"무릇 그리스도 예수와 합하여 세례를 받은 우리는 그의 죽으심

과 합하여 세례받은 줄을 알지 못하느뇨 그러므로 우리가 그의
죽으심과 합하여 세례를 받음으로 그와 함께 장사되었나니"(롬
6:3-4)

복된 자화상의 비전을 보아라

부정적 자화상을 십자가에서 처리한 후에 새로운 생명의 믿
음을 가지고 복된 자화상에 대하여 비전을 갖고 기도해야 합니
다.

복된 나의 자화상을 그려 보십시오

① ____
② ____
③ ____
④ ____
⑤ ____
⑥ ____
⑦ ____
⑧ ____
⑨ ____
⑩ ____

전도의 다이나믹 파워

이제 이 복된 자화상을 자신의 마음과 생각의 판에 새기고 바라봐야 합니다. 또 그것을 붙잡고 기도해야만 합니다. 이는 하나님께서 나에게 새롭게 창조해 주신 나의 자화상이기 때문입니다.

"그의 죽으심은 죄에 대하여 단번에 죽으심이요 그의 살으심은 하나님께 대하여 살으심이니 이와 같이 너희도 너희 자신을 죄에 대하여는 죽은 자요 그리스도 예수 안에서 하나님을 대하여는 산 자로 여길지어다"(롬 6:10-11).

복된 자화상을 소유한 자는 자기의 몸을 복되게 사용할 줄 알아야 하며, 의의 병기로 자신을 하나님께 드려야 합니다. 그 때 우리의 자화상이 실체화되는 것입니다.

"또한 너희 지체를 불의의 병기로 죄에게 드리지 말고 오직 너희 자신을 죽은 자 가운데서 다시 산 자같이 하나님께 드리며 너희 지체를 의의 병기로 하나님께 드리라"(롬 6:13).

복된 자화상을 실제 훈련해 보라

자기 자신을 긍정적으로 받아들이라

이 말은 교만하여지라는 말과는 다른 뜻입니다. 우리가 갖고 있는 자신을 있는 그대로 인정하고 긍정할 줄 알아야 한다는 뜻입니다. 우리는 하나님이 창조해 주신 유일한 하나님의 자녀이기 때문입니다.

> "내가 주께 감사하옴은 나를 지으심이 신묘막측하심이라 주의 행사가 기이함을 내 영혼이 잘 아나이다"(시 139:14).

여기서 '신묘막측'이라는 말은 'Wonderfully made' 입니다. 'I am Wonderfully made' 즉 '나는 하나님의 걸작품이다' 라는 믿음입니다. 이때 비교의식이 사라지고 내 속에 긍정적 사고가 생기게 됩니다.

다른 사람을 인정하라

인간은 혼자 존재할 수 없을 뿐 아니라 혼자 살 수도 없습니다. 그러므로 다른 사람이 잘 되는 것이 나도 잘 되는 길입니다. 우리는 모두 주님의 지체이고 주님의 몸이기 때문입니다.

"우리가 유대인이나 헬라인이나 종이나 자유자나 다 한 성령으로 세례를 받아 한 몸이 되었고 또 다 한 성령을 마시게 하셨느니라"(고전 12:13).

따라서 다른 사람을 인정하는 것이 결국은 나를 인정하는 결과를 가져 오게 됩니다.

의도적으로 부정적인 생각을 물리치라

하나님은 어떠한 경우에도 부정적 사고가 없으며 어둠이 없으신 빛의 하나님이십니다. 그러므로 우리 속에 어둠이나 부정적인 것이 찾아올 때, 우리의 의지를 동원하여 그것을 물리쳐야만 합니다.

"우리가 저에게서 듣고 너희에게 전하는 소식이 이것이니 곧 하나님은 빛이시라 그에게는 어두움이 조금도 없으시니라"(요일 1:5).

부정적 환경을 거부하는 말을 하고, 복된 말을 하라

우리의 환경이 어려우면 우리가 부정적이 될 수밖에 없습니다. 그러므로 우리는 환경이 어려울 때 그 환경을 물리치는 언어를 사용할 줄 알아야 되며 복된 환경을 바라보며 긍정적인 믿음의 말을 사용할 수 있어야 됩니다.

"내가 진실로 너희에게 이르노니 누구든지 이 산더러 들리어 바다에 던지우라 하며 그 말하는 것이 이룰 줄 믿고 마음에 의심치 아니하면 그대로 되리라"(막 11:23).

"기록된 바 내가 너를 많은 민족의 조상으로 세웠다 하심과 같으니 그의 믿은 바 하나님은 죽은 자를 살리시며 없는 것을 있는 것 같이 부르시는 이시니라"(롬 4:17).

복된 자화상을 가진 자와 교제하라

우리는 세상 사람을 구원해야 되지만, 교제해서는 안 됩니다. 왜냐하면 영적인 것과 어두운 것은 전염되기 때문입니다.

"마레사 사람 도다와후의 아들 엘리에셀이 여호사밧을 향하여 예언하여 가로되 왕이 아하시야와 교제하는 고로 여호와께서 왕의 지은 것을 파하시리라 하더니 이에 그 배가 파상하여 다시스로 가지 못하였더라"(대하 20:37).

따라서 믿음과 긍정적 자아상을 가진 자와 교제하는 것이 축복임을 명심해야만 합니다.

"그러므로 우리는 기회 있는 대로 모든 이에게 착한 일을 하되 더욱 믿음의 가정들에게 할지니라"(갈 6:10).

날마다 하나님의 은혜를 선포하라

우리는 우리가 이 세상을 살아가는 것이 전적으로 하나님의 은혜인 것을 깨달아야 합니다. 그러나 은혜인 줄 알아도 그것을 입으로 선포하고 감사하지 않으면 감사의 능력이 사라지게 됩니다. 그래서 우리는 날마다 우리에게 주어진 하나님의 은혜를 선포하고 실제 삶 속에서 행위로 감사하는 것이 중요합니다.

"사람이 마음으로 믿어 의에 이르고 입으로 시인하여 구원에 이르느니라"(롬 10:10).

"그러나 나의 나 된 것은 하나님의 은혜로 된 것이니 내게 주신 그의 은혜가 헛되지 아니하여 내가 모든 사도보다 더 많이 수고하였으나 내가 아니요 오직 나와 함께 하신 하나님의 은혜로라"(고전 15:10).

비전을 선포하라

우리가 복된 비전을 갖고 있다 해도 그것을 입으로 선포하지 않으면 실체화되지 않습니다. 그러므로 우리가 비전을 입으로 선포하고 날마다 기도하는 것은 매우 중요합니다.

　"나는 전도가 됩니다", "전도자가 되었다", "나는 능력있는 설교자다", "나는 사랑받는 목사이다", "나는 복있는 사람이다", "우리 교회는 부흥합니다", "부흥하고 있습니다."

　"내가 천국 열쇠를 네게 주리니 네가 땅에서 무엇이든지 매면 하늘에서도 매일 것이요 네가 땅에서 무엇이든지 풀면 하늘에서도 풀리리라 하시고"(마 16:19).

　이처럼 우리의 비전이 날마다 선포되고 기도될 때 하나님이 함께하심으로 그 비전대로 우리의 복된 자화상은 이루어지게 되는 것입니다.

전도의 다이나믹 파워

1999년 4월 28일 초판 발행
2005년 3월 20일 초판 17쇄 발행

지은이 • 민경설
발행인 • 김수곤
발행처 • 선교횃불
등록일 • 1999년 9월 21일 제54호
등록주소 • 서울시 송파구 삼전동 103번지
전   화 • (02)2203-2739
팩   스 • (02)2203-2738
이메일 • ceo@com2u.com
홈페이지 • www.ccm2u.com

ISBN 978-8989-6152-17 03230

총   판 • 선교횃불